プリント形式のリアル過去問で本番の臨場感！

神奈川県

県立

相模原・平塚 中等教育学校

2025年春 受験用

解答集

本書は，実物をなるべくそのままに，プリント形式で年度ごとに収録しています。
問題用紙を教科別に分けて使うことができるので，本番さながらの演習ができます。

■ 収録内容

・解答集（この冊子です）

　　　書籍ID番号，この問題集の使い方，最新年度実物データ，リアル過去問の活用，
　　　解答例と解説，ご使用にあたってのお願い・ご注意，お問い合わせ

・2024（令和6）年度 ～ 2018（平成30）年度　学力検査問題

問題文の非掲載につきまして

　著作権上の都合により，本書に収録している過去入試問題の本文の一部を掲載しておりません。ご不便をおかけし，誠に申し訳ございません。

○は収録あり	年度	'24	'23	'22	'21	'20	'19
■ 問題（適性検査）※1		○	○	○	○	○	○
■ 解答用紙（マークシート形式）※2		○	○	○	○	○	○
■ 配点		○	○	○	○	○	○

上記に2018年度を加えた7年分を収録しています
※1…「グループ活動による検査」は問題のみ収録（2021年度より実施なし）
※2…マークシートは2023年度より導入
注）問題文非掲載:2023年度適性検査Ⅰの問1と適性検査Ⅱの問1, 2018年度適性検査Ⅱの問1

全分野に解説
があります

教英出版

■ 書籍ID番号

入試に役立つダウンロード付録や学校情報などを随時更新して掲載しています。

教英出版ウェブサイトの「ご購入者様のページ」画面で，書籍ID番号を入力してご利用ください。

書籍ID番号 **101214**

（有効期限：2025年9月30日まで）

【入試に役立つダウンロード付録】
「要点のまとめ(国語／算数)」
「課題作文演習」ほか

■ この問題集の使い方

年度ごとにプリント形式で収録しています。針を外して教科ごとに分けて使用します。①片側，②中央のどちらかでとじてありますので，下図を参考に，問題用紙と解答用紙に分けて準備をしましょう（解答用紙がない場合もあります）。

針を外すときは，けがをしないように十分注意してください。また，針を外すと紛失しやすくなりますので気をつけましょう。

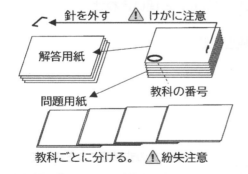

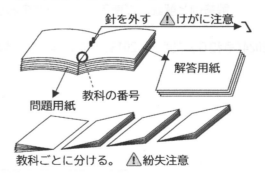

※教科数が上図と異なる場合があります。
　解答用紙がない場合や，問題と一体になっている場合があります。
　教科の番号は，教科ごとに分けるときの参考にしてください。

■ 最新年度 実物データ

実物をなるべくそのままに編集していますが，収録の都合上，実際の試験問題とは異なる場合があります。実物のサイズ，様式は右表で確認してください。

問題用紙	A4冊子(二つ折り)
解答用紙	両面マークシート

リアル過去問の活用

～リアル過去問なら入試本番で力を発揮することができる～

❀ 本番を体験しよう！

問題用紙の形式（縦向き／横向き），問題の配置や余白など，実物に近い紙面構成なので本番の臨場感が味わえます。まずはパラパラとめくって眺めてみてください。「これが志望校の入試問題なんだ！」と思えば入試に向けて気持ちが高まることでしょう。

❀ 入試を知ろう！

同じ教科の過去数年分の問題紙面を並べて，見比べてみましょう。

① 問題の量

毎年同じ大問数か，年によって違うのか，また全体の問題量はどのくらいか知っておきましょう。どのくらいのスピードで解けば時間内に終わるのか，大問ひとつにかけられる時間を計算してみましょう。

② 出題分野

よく出題されている分野とそうでない分野を見つけましょう。同じような問題が過去にも出題されていることに気がつくはずです。

③ 出題順序

得意な分野が毎年同じ大問番号で出題されていると分かれば，本番で取りこぼさないように先回りして解答することができるでしょう。

④ 解答方法

記述式か選択式か（マークシートか），見ておきましょう。記述式なら，単位まで書く必要があるかどうか，文字数はどのくらいかなど，細かいところまでチェックしておきましょう。計算過程を書く必要があるかどうかも重要です。

⑤ 問題の難易度

必ず正解したい基本問題，条件や指示の読み間違いといったケアレスミスに気をつけたい問題，後回しにしたほうがいい問題などをチェックしておきましょう。

❀ 問題を解こう！

志望校の入試傾向をつかんだら，問題を何度も解いていきましょう。ほかにも問題文の独特な言いまわしや，その学校独自の答え方を発見できることもあるでしょう。オリンピックや環境問題など，話題になった出来事を毎年出題する学校だと分かれば，日頃のニュースの見かたも変わってきます。

こうして志望校の入試傾向を知り対策を立てることこそが，過去問を解く最大の理由なのです。

❀ 実力を知ろう！

過去問を解くにあたって，得点はそれほど重要ではありません。大切なのは，志望校の過去問演習を通して，苦手な教科，苦手な分野を知ることです。苦手な教科，分野が分かったら，教科書や参考書に戻って重点的に学習する時間をつくりましょう。今の自分の実力を知れば，入試本番までの勉強の道すじが見えてきます。

❀ 試験に慣れよう！

入試では時間配分も重要です。本番で時間が足りなくなってあわてないように，リアル過去問で実戦演習をして，時間配分や出題パターンに慣れておきましょう。教科ごとに気持ちを切り替える練習もしておきましょう。

❀ 心を整えよう！

入試は誰でも緊張するものです。入試前日になったら，演習をやり尽くしたリアル過去問の表紙を眺めてみましょう。問題の内容を見る必要はもうありません。どんな形式だったかな？受験番号や氏名はどこに書くのかな？…ほんの少し見ておくだけでも，志望校の入試に向けて心の準備が整うことでしょう。

そして入試本番では，見慣れた問題紙面が緊張した心を落ち着かせてくれるはずです。

※まれに入試形式を変更する学校もありますが，条件はほかの受験生も同じです。心を整えてあせらずに問題に取りかかりましょう。

《解答例》

問1　(1)②，③，④　　(2)512

問2　(1)ア．⑥　イ．⑤　　(2)ア．①　イ．⑤

問3　(1)④　　(2)ア．②　イ．④

問4　(1)ア．③　イ．⑦　　(2)②

問5　わたしは，クイズ大会を提案します。提案するクイズ大会は，他学年の児童とチームを作って参加し，チームで相談してからクイズに答えることにより，交流を楽しむ大会です。

《解　説》

問1

(1)　①〔標示〕は相模野基線の中間点を表すので，〔標石1〕から〔標示〕までの長さは，5209.9697mの半分だから，正しくない。　②〔調べたこと1〕にあるように〔地図〕を見ると，〔標示〕は座間市にあるとわかるので，正しい。　③〔調べたこと1〕に書かれているので，正しい。　④〔調べたこと2〕に書かれているので，正しい。　⑤〔部品〕を見ると，ものさしの長さはちょうど4mとあるので，正しくない。

よって，②，③，④を選ぶとよい。

(2)　〔標石あ〕の中心から〔標石い〕に最も近い装置の右はしまでの長さは，最初12mであり，〔装置〕を1回動かすごとに4mのびていく。よって，125回動かしたときは，$12 + 4 \times 125 = 512$(m)ちょうどである。

問2

(1)ア　〔表1〕の14個の箱を積み上げて高さを最も高くするには，1辺が3cmの正方形の面を底面にして，すべての箱を積み上げる。最も高い高さは，$17 \times 2 + 13 \times 1 + 11 \times 3 + 9 \times 2 + 7 \times 1 + 5 \times 2 + 3 \times 3 = 124$(cm)

124cmを4等分すると$124 \div 4 = 31$(cm)になるから，⑥が正しい。

イ　高さが高い箱をなるべく使うようにして〔積み上げた高さ〕が31cmになる組み合わせを作っていけば，高さが低い箱が最後にたくさん残るはずである。

17cmの箱は最大でも1個しか使えない。17cmの箱を使う場合，残りの箱の高さの合計は$31 - 17 = 14$(cm)であり，箱が2個あれば高さの合計を14cmにできる。その2個は，11cmと3cm，または，9cmと5cmである（7cmは1個しかないので使えない）。

13cmの箱は1個しかなく，13cmの箱を使う場合，残りの箱の高さの合計は$31 - 13 = 18$(cm)であり，箱が2個あれば高さの合計を18cmにできる。その2個は，11cmと7cm，または，9cmと9cmである。

以上より，使う箱の数がなるべく少なくなるように，〔積み上げた高さ〕が31cmになる組み合わせを3つ作ると，例えば，{17cm，11cm，3cm}{17cm，11cm，3cm}{13cm，9cm，9cm}のように作ることができる。

残りの箱の数は，$14 - 3 \times 3 = 5$(個)だから，⑤が正しい。

(2)ア　〔表2〕の14個の箱すべてを，〔積み上げた高さ〕が最も低くなるように積み上げたときの高さは，$3 \times 14 = 42$(cm)である。これは4の倍数ではないから適さないので，5cm×3cm×3cmの箱1個の高さを3cmから5cmにすると，〔積み上げた高さ〕の合計を4で割った値は，$(42 + 2) \div 4 = 11$(cm)となり，それぞれの箱の

高さは表Ⅰのようになる。表Ⅰより，高さの合計が11cmになる組み合わせを4組
作ることはできないとわかる。

〔積み上げた高さ〕の合計が2＋4＝6(cm)高くなるように，5cm×3cm×3cm
の箱1個の高さを3cmから5cmに，15cm×3cm×7cmの箱1個の高さを3cmから
7cmにすると，〔積み上げた高さ〕の合計を4で割った値は，(42＋6)÷4＝12(cm)
となり，それぞれの箱の高さは表Ⅱのようになる。高さの合計が12cmになる組み
合わせを4組作ると，{7cm，5cm}{3cmが4つ}{3cmが4つ}{3cmが4つ}となる。
よって，①が正しい。

イ 〔表2〕の14個の箱すべてを，〔積み上げた高さ〕が最も高くなるように積み上げたときの高さは，
$15 \times 3 + 11 \times 5 + 5 \times 2 + 3 \times 4 = 122$(cm)である。これは4の倍数ではないから適さないので，5cm×3cm×3cm
の箱1個の高さを5cmから3cmにすると，〔積み上げた高さ〕の合計を4で割った値は，$(122 - 2) \div 4 = 30$(cm)
となり，それぞれの箱の高さは表Ⅲのようになる。表Ⅲより，高さの合計が30cm
になる組み合わせを4組作ることはできないとわかる。

〔積み上げた高さ〕の合計が2＋4＝6(cm)低くなるように，11cm×3cm×8cm
の箱2個の高さを11cmから8cmにすると，〔積み上げた高さ〕の合計を4で割っ
た値は，$(122 - 6) \div 4 = 29$(cm)となり，それぞれの箱の高さは表Ⅳのようになる。
高さの合計が29cmになる組み合わせを4組作ると，{15cm，11cm，3cm}
{15cm，11cm，3cm}{15cm，11cm，3cm}{8cm，8cm，5cm，5cm，3cm}となる。
よって，⑤が正しい。

表Ⅰ

3cm	3cm	5cm	3cm
3cm	3cm	3cm	3cm
3cm	3cm		3cm
	3cm		3cm
	3cm		

表Ⅱ

7cm	3cm	3cm	3cm
3cm	3cm	3cm	3cm
3cm	3cm		3cm
	3cm		3cm
	3cm		

表Ⅲ

15cm	11cm	5cm	3cm
15cm	11cm	3cm	3cm
15cm	11cm		3cm
	11cm		3cm
	11cm		

表Ⅳ

15cm	8cm	5cm	3cm
15cm	8cm	5cm	3cm
15cm	11cm		3cm
	11cm		
	11cm		

問3

(1) A．〔会話文〕のたろうさんの最初の発言より，たんぱく質は主に体をつくる働きをするから，正しくない。
B．〔表1〕より，ぶた肉170gに含まれるたんぱく質の量は$170 \times \frac{21}{100} = 35.7$(g)，とり肉210gに含まれるたん
ぱく質の量は$210 \times \frac{17}{100} = 35.7$(g)だから，正しい。　C．とり肉10kg＝(10×1000)g＝10000gを生産するのに
必要な水の量は，$450 \times \frac{10000}{100} = 45000$(L)だから，5000Lより多いので正しくない。　D．〔会話文〕のじろうさ
んの2つ目の発言に書かれているので，正しい。　E．牛肉1kgの生産に必要な穀物の量(11kg)は，とり肉1kg
の生産に必要な穀物の量(3kg)の，$11 \div 3 = 3.66\cdots$(倍)なので，正しくない。
よって，④を選ぶとよい。

(2)ア 〔表1〕より，ぶた肉30gに含まれるたんぱく質の量は$30 \times \frac{21}{100} = 6.3$(g)，大豆35gに含まれるたんぱく
質の量は$35 \times \frac{15}{100} = 5.25$(g)で，合計$6.3 + 5.25 = 11.55$(g)である。よって，求める割合は，$\frac{11.55}{55} \times 100 = 21$(%)
だから，②が正しい。

イ たんぱく質60gを含む大豆の量は，$60 \div \frac{15}{100} = 400$(g)である。牛肉300gの生産に必要な水の量は
$2060 \times \frac{300}{100} = 6180$(L)，大豆400gの生産に必要な水の量は$250 \times \frac{400}{100} = 1000$(L)である。
よって，求める割合は$6180 \div 1000 = 6.18$(倍)だから，④が正しい。

問4

(1)ア カードの並びは，[1][2][3][4][5]→[2]が取られる→[3][4][5][1]→[4]が取られる→[5][1][3]→[1]が取られる→
[3][5]→[5]が取られる→[3]，となる。よって，[3]が残るから，③が正しい。

イ 〔ゲーム〕をよく読むと，ⓒでカードを取る順番はⓑでカードを並べた順番と同じと書かれている。したが

って，たろうさんは④と⑤を取ったので，その和は４＋５＝９だから，⑦が正しい。

(2)　１回目のゲームの結果から，最初にカードを取る人が a ， b に置かれたカードを，２番目にカードを取る人が d ， e に置かれたカードを取り， c のカードが残るとわかる。 e には⑤が置かれたので，かなこさんが⑤を取ることは決まりである。

かなこさんのもう１枚が④の場合，かなこさんの最終得点は最低でも５＋４＝９（点），たろうさんの最終得点は最高でも１＋２＋３＝６（点）だから，条件に合わない。

かなこさんのもう１枚が③の場合，かなこさんの最終得点は最低でも５＋３＝８（点），たろうさんの最終得点は最高でも１＋２＋４＝７（点）だから，条件に合わない。

かなこさんのもう１枚が②の場合，かなこさんの最終得点は最低でも５＋２＝７（点），たろうさんの最終得点は最高で１＋３＋４＝８（点）だから，条件に合うかもしれない。残ったカードの数がかなこさんに加えられないように，残ったカードを偶数にすると，たろうさんが①と③，残ったカードが④のとき条件にあうとわかる。

かなこさんのもう１枚が①の場合，かなこさんの最終得点は最低でも５＋１＝６（点），たろうさんの最終得点は最高で２＋３＋４＝９（点）だから，条件に合うかもしれない。探してみると，たろうさんが②と④，残ったカードが③のときだけ条件にあうとわかる。

よって，たろうさんが勝つカードの置き方は２通りあるから，②が正しい。

問5

「具体的な活動とその活動の中で他学年の児童と交流する場面がわかるように」とあるので，遊びやゲームの中で，他学年の児童と交流する方法を考えてまとめる。

神奈川県立中等教育学校 2024 令和6年度 適性検査Ⅱ

《解答例》

問1 (1)②，④，⑤　(2)ヘボン式のローマ字表記は，英語の表記に近い表記です。また，つづりから日本語の発音が導き出せるように工夫したことで，英語話者にとって，実際の音を正確に推測しやすい表記となっています。

問2 (1)ア．①　イ．②　(2)ア．②　イ．③

問3 (1)④　(2)ア．⑤　イ．③

問4 (1)ア．③　イ．④　(2)ア．⑤　イ．②

《解 説》

問1

(1) ①〔資料1〕に，「『ti』『tu』のように子音(k・s・t など)と母音(a・i・u・e・o)の組み合わせ」とあるので，「t」は子音，「u」は母音である。よって，適さない。　②ローマ字の書き方には，訓令式(ti)とヘボン式(chi)の2つの書き方があるが，〔資料1〕に「『訓令式』と『ヘボン式』は，どちらで書いても正しい」とあるので，適する。　③〔資料2〕の3～4行目の「訓令式は～より厳密な一対一対応になっています」より，「日本語のかなと英語の文字とが，より厳密な一対一対応になっている」のは「ヘボン式」ではなく，「訓令式」である。

④〔資料2〕の4～5行目の「『た行』の音は，ta, ti, tu, te, to のように，すべて t の文字で表されており」より，適する。　⑤〔資料3〕の3～4行目に，「訓令式は日本語がわかっている人が考えたものなんですね」とあるので，適する。

(2) 「どの言語の表記に近い表記」かについては，〔資料1〕に，「英語の表記により近いヘボン式」とある。また，「どのように工夫した」のかについては，〔資料3〕に「ヘボン式は～アメリカ人であるヘボンが，そのつづりから日本語の発音が導き出せるように工夫したものです」とあり，「誰にとって，何をしやすい表記となって」いるかについては，〔資料2〕に，「日本語を知らない英語話者にとっては～実際の音を正確に推測しやすいのです」とある。

問2

(1)ア　Aの区画を正方形にしないように注意すると，Aの縦の長さと横の長さがそれぞれ最も短くなるのは，1mと2mにするときである。Bの面積をなるべく小さくするためには，Aを縦1m，横2mにすればよい。このときBは，縦1m，横10－2－1＝7 (m)となるから，求める面積は1×7＝7 (㎡)である。よって，①が正しい。

イ　AをB，Cより小さくするために，Aの縦の長さを(16－1)÷2＝7.5(m)より短く，Aの横の長さを(10－1)÷2＝4.5(m)より短くしなければならない。この条件に合うようにAの面積をなるべく大きくすると，右図のようになる。この場合，A，B，C，Dの面積はそれぞれ，7×4＝28(㎡)，7×5＝35(㎡)，8×4＝32(㎡)，8×5＝40(㎡)で，CがBより小さくなってしまう。Aの面積は7以下の整数と4以下の整数の積だから，図の次に大きくなるのは，縦6m，横4mとしたときの，6×4＝24(㎡)である。

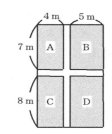

この場合，B，C，Dの面積はそれぞれ，6×5＝30(㎡)，9×4＝36(㎡)，9×5＝45(㎡)となり，条件に合う。このときのAとDの面積の差は，45－24＝21(㎡)だから，②が正しい。

(4)

(2)ア　かなこさんの案をまとめると，右表のようになる。⑥～②に入る野菜は，キュウリ，キャベツ，ジャガイモ，タマネギである。このうちタマネギは後期のみなので，⑥に決まる。キュウリは③，②に入れられないので，③に決まる。キャベツは③に入れられないので，②に決まる。③はジャガイモになる。よって，②が正しい。

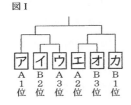

前期	後期
カブ	⑥
③	ダイコン
③	ネギ
②	ニンジン

　イ　表2の空らんに入る野菜は，キャベツ，ダイコン，タマネギ，ネギである。

前期で育てる野菜のうち後期の野菜への条件があるのはキュウリとカブなので，そこから場合分けする。キュウリの後にはキャベツかタマネギかネギが入り，カブの後にはタマネギかネギが入る。ジャガイモとニンジンの後には何を育ててもよい。

カブの後がタマネギの場合，キュウリの後はキャベツかネギの2通りである。残り2種類の野菜の決め方は2通りあるから，この場合の育て方は2×2＝4（通り）ある。カブの後がネギの場合も同様に4通りある。

よって，全部で4＋4＝8（通り）あるから，③が正しい。

問3

(1)　例えば1組，2組，3組が同じグループになったとすると，そのグループの〔リーグ戦〕は「1組 対 2組」「1組 対 3組」「2組 対 3組」の3試合行われる。したがって，〔リーグ戦〕は全部で3×2＝6（試合）行われる。〔トーナメント戦〕は全部で5試合行われるから，全部で6＋5＝11（試合）なので，④が正しい。

(2)ア　〔リーグ戦〕での順位とトーナメント表の配置をまとめると，図Ⅰのようになる。3組と4組が同じグループ，1組と2組が同じグループで，2組と5組はグループが異なるのだから，2つのグループは，{3組，4組，5組}と{1組，2組，6組}である。6組は1回戦第1試合を行ったので，B2位かA3位だから，6組の配置で場合分けをする。また，1組は〔トーナメント戦〕で全勝したので，優勝したことに注意する。

6組がB2位の場合，B1位とB3位は一方が1組，もう一方が2組である。1組が決勝まで行ったので，3組と4組が対戦したのはトーナメント表の左半分の方だから，3組がA1位，4組がA3位となる（〔リーグ戦〕では4組より3組の方が順位が上だったので）。したがって，この場合図Ⅱのようになり，条件に合う。

6組がA3位の場合，A1位とA2位は一方が1組，もう一方が2組である。1組と2組が〔トーナメント戦〕で試合をするためには，どちらの組も決勝に進まなければならない。しかし，それだと3組と4組が〔トーナメント戦〕で試合を行うことができないので，この場合は条件に合わない。

以上より図Ⅱが正しいので，A2位は5組だから，⑤が正しい。

図Ⅰ

```
┌───┬───┐   ┌───┬───┐
│   ├─┐ │   │ ┌─┤   │
```
┌─┬─┬─┬─┬─┬─┐
│ア│イ│ウ│エ│オ│カ│
└─┴─┴─┴─┴─┴─┘
　A　B　A　A　B　B
　1　2　A　2　3　1
　位　位　3　位　位　位
　　　　位

図Ⅱ

┌─┬─┬─┬─┬─┬─┐
│ア│イ│ウ│エ│オ│カ│
└─┴─┴─┴─┴─┴─┘
　3　6　4　5　2　1
　組　組　組　組　組　組

　イ　アより，③が正しい。

問4

(1)ア　Ⓑで010100となるのは，□■□■□□と並んでいるときだから，4行目である。よって，③が正しい。

　イ　Ⓑで110100となった数字を左から見ると，0が0個，1が2個，0が1個，1が1個，0が2個並んでいるからⒸでは02112となる。Ⓑで1が3個あるので，■が3個並んでいるから，〔パリティ〕は1である。よって，Ⓓを行うと102112となるから，④が正しい。

(2)ア 〔図〕を〔置き換え方〕にしたがって数字にすると，右表のようになる。よって，求める個数は，6＋5＋7＋6＋6＋4＝34（個）だから，⑤が正しい。

イ 〔表〕の数字について〔置き換え方〕を逆にたどっていくと，右表のようになる。よって，右図がかけるから，■が最も多い列は2列目であり，②が正しい。

	Ⓑ	Ⓒ	Ⓓ	Ⓓの数字の個数（個）
1行目	010010	11211	011211	6
2行目	011001	1221	11221	5
3行目	110101	021111	0021111	7
4行目	010100	11112	011112	6
5行目	100100	01212	001212	6
6行目	001100	222	0222	4

	数字	Ⓒ	Ⓑ
1行目	1114	114	010000
2行目	0042	042	111100
3行目	1114	114	010000
4行目	111121	11121	010110
5行目	1015	015	100000
6行目	00123	0123	100111

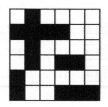

《解答例》

問1 (1)①，②，④　　(2)わたしは，ごみ問題を解決したいと考えます。問題の解決方法を考えるための思考力を，ごみ問題に関する自分の意見が，友だちに伝わるか考えながら話すことで身に付けます。

問2 (1)ア．⑥　イ．④　　(2)ア．②　イ．③

問3 (1)⑦　　(2)ア．⑥　イ．④

問4 (1)ア．②　イ．①　　(2)ア．③　イ．④

《解 説》

問1

(1) ①○…会話文1のかなこさんの1回目の発言より，城山湖は津久井湖よりも高い場所にあることがわかる。②○…城山湖から津久井湖へ流す水と津久井湖から城山湖へくみあげる水の量の1秒当たりの差は 192−180＝12(㎥)だから，1時間→60分→3600秒では，12×3600＝43200(㎥)の差が生じる。よって，43200÷180＝240(秒)→4分より，津久井湖から城山湖へくみあげる時間の方が4分長くなる。　③×…発電機に電気を流してモーターとして使用するのは，発電機として発電しないときである。　④○…電気が余る夜に，発電機に電気を流してモーターとして使い，津久井湖から城山湖へ水をくみあげ，電気の使用量が多いときに流して発電している。　⑤×…水力発電による発電電力量は，2010年度が 10064×0.085＝855.44(億kWh)，1980年度が 4850×0.174＝843.9(億kWh)だから，2010年度の方が多い。　⑥×…2015年度と2000年度を比べると，発電電力量は2015年度よりも2000年度の方が多く，年間の発電電力量に対する水力発電の割合は同じだから，水力発電による発電電力量は2015年度よりも2000年度の方が多い。

(2) 著作権上の都合により文章を掲載しておりませんので、解説も掲載しておりません。ご不便をおかけし、誠に申し訳ございません。

問2

(1)**ア**　どちらも1枚以上使うので，■の板は最大で9−1＝8(枚)使う。また，そのときの並べ方は右のようになる。

イ　■の板の枚数で場合わけをする。■が8枚のときはアのように1種類できる。
■が9−8＝1(枚)のときはアと模様が反対になるような1種類ができる。
■が7枚のときは図iのように1種類できる。■が9−7＝2(枚)のときは
図iと模様が反対になるような1種類ができる。■が6枚のときは図iiの
ように1種類できる。■が9−6＝3(枚)のときは図iiと模様が反対になる
ような1種類ができる。■が5枚のときは図iii，ivのように2種類できる。
■が9−5＝4(枚)のときは図iii，ivと模様が反対になるような2種類ができる。
以上より，全部で(1＋1＋1＋2)×2＝10(種類)の模様ができる。

図i　図ii　図iii　図iv

(2)**ア**　展開図を組み立てると，右のようになる。Aの面は1と4の面と共通の頂点をもつので，Aの面の数は2とわかる。Bの面は5の面と共通の頂点をもつので，Bの面の数は1か3か4か6となる。

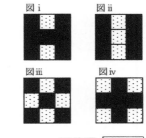

左の面（2）　後ろの面（6）　下の面（3）

AとBの面の数の和は奇数だから，Bの面の数は1か3である。

Bの面の数が1のとき，図2の右のさいころの右の面の数が4で奇数にならないので，条件に合わない。

Bの面の数が3のとき，図2の右のさいころの右の面の数が1になるので，条件に合う。

よって，求める面の数の和は，2＋3＝5である。

イ 図3について，左のさいころの左の面の数は1か5の2通りある。右のさいころの正面の数は1か3か5の3通りある。この2つの面の組み合わせによって，他の面の数の組み合わせが1つに決まる。

右のように記号をおくと，（a，b，c，d，e）の数の組み合わせは，

（1，2，1，5，3）（1，2，3，5，6）（1，2，5，3，1）

（5，1，1，4，5）（5，1，3，2，1）（5，1，5，6，3）の6通りある。

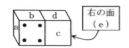

問3

(1) A．正しい。表1より読み取れる。　B．誤り。表2より，二酸化炭素排出量の割合は日本が3.2%，アメリカが14.1%，中国が29.5%なので，3.2＋14.1＋29.5＝46.8より，5割以下である。　C．誤り。表2より，日本が8.4トンでアメリカが14.5トンなので，2倍以下である。　D．正しい。表2より読み取れる。　E．正しい。会話文中に「2020年度の日本の家庭1世帯あたりの二酸化炭素排出量は，約3.9トン」とあることと，表3の割合から求めるとよい。照明・家電製品，暖房，冷房による二酸化炭素排出量の割合の合計は，32.4＋15.9＋2.6＝50.9より，約51%なので，3.9×0.51＝1.989より，1.5トン以上である。

(2) ア．会話文中に「2019年の世界の二酸化炭素排出量は，約335億トン」とあるので，表2から2019年の日本の二酸化炭素の排出量を求めると，335×0.032＝10.72より，約10.72億トンである。また，表1の温室効果ガス総排出量から，二酸化炭素の割合を求めると，10.72÷12.12＝0.884…より，⑥の88%を選ぶ。

イ．2013年の温室効果ガス総排出量は14億900万トンなので，それより46%減らした量は，14.09×（1－0.46）＝7.6086より，7億6086万トンである。よって，12.12－7.6086＝4.5114より，④の約4億5000万を選ぶ。

問4

(1)ア　すべての施設で花が見られる期間は5月21日～6月10日で，この期間からいずれかの施設の休業日である月曜日と水曜日を除いた日に行ったことがわかるので，5月26日である。

イ　スイレン庭園以外の施設は3か所あり，その3か所のうち1か所だけ選ぶのは3通り，2か所を選ぶのは行かない1か所を選ぶのと同じ3通り，3か所すべてを選ぶのは1通りなので，全部で3＋3＋1＝7（通り）が考えられる。

(2)ア　B駅からG駅までで停車した時間の合計は1×6＝6（分），移動時間の合計は5＋3＋4＋3＋4＋4＋2＝25（分）だから，求める時刻は，9時48分＋6分＋25分＝9時79分＝10時19分

イ　アより，A駅を出た電車は6＋25＝31（分後）にH駅に着き，31＋5＝36（分後）にH駅を出発する。

よって，H駅を出発するのも，0分，12分，24分，36分，48分だとわかる。

駅から各施設までの往復の移動時間と見学時間（昼食時間をふくむ）の合計は，B駅からバラガーデンまでが10×2＋50＝70（分），D駅からアジサイ広場までが9×2＋15＝33（分），F駅からサツキ公園までが7×2＋30＝44（分），H駅からスイレン庭園までが11×2＋40＋20＝82（分）である。

9時に学校を出発して9時10分にA駅に着くから，A駅を9時12分に出発する。

バラガーデンとアジサイ広場は10時から開園なので，待ち時間が出ないように先にサツキ公園に行く。

F駅には9時12分＋（5＋1＋3＋1＋4＋1＋3＋1＋4）分＝9時35分に着くので，サツキ公園を見学すると，9時35分＋44分＝10時19分に再びF駅に着く。

このままH駅に向かうとスイレン庭園に11時30分前に着くので，次はアジサイ広場に行く。

H駅を10時12分に出た電車が10時12分＋（2＋1＋4＋1）分＝10時20分にF駅を出るのでこの電車に乗ると，10時20分＋（4＋1＋3）分＝10時28分にD駅に着き，アジサイ広場を見学して，10時28分＋33分＝11時1分に再びD駅に着く。スイレン庭園には11時30分から12時30分までの間に着かなくてはならないので，次はスイレン庭園に行く。

A駅を10時48分に出た電車が10時48分＋（5＋1＋3＋1＋4＋1）分＝11時3分にD駅を出るのでこの電車に乗ると，11時3分＋（3＋1＋4＋1＋4＋1＋2）分＝11時19分にH駅に着く。

このとき，スイレン庭園には11時19分＋11分＝11時30分に着くから，条件に合う。スイレン公園で昼食と見学をすると，11時19分＋82分＝12時41分に再びH駅に着くから，H駅を12時48分に出発する。

B駅には12時48分＋（2＋1＋4＋1＋4＋1＋3＋1＋4＋1＋3）分＝13時13分に着くので，バラガーデンを見学すると，13時13分＋70分＝14時23分に再びB駅に着く。B駅には12分ごとに電車が到着するので，13時13分＋12分×6＝14時25分にB駅に着いた電車に乗って14時26分にB駅を出発する。

よって，A駅には14時26分＋5分＝14時31分に着くから，学校へもどる予定時間は，14時31分＋10分＝14時41分

《解答例》

問1	(1)②，③，⑤　(2)日本の国字の多くは，日本特有のものごとを表した漢字です。つくるときには，組み合わせる文字の意味に着目してつくられました。
問2	(1)ア．①　イ．②　(2)ア．③　イ．25
問3	(1)ア．②　イ．②　(2)④
問4	(1)ア．③　イ．③　(2)161

《解　説》

問1　著作権上の都合により文章を掲載しておりませんので、解説も掲載しておりません。ご不便をおかけし、誠に申し訳ございません。

問2

(1)ア　図について，右のように作図する（OとPはそれぞれ半円の中心）。QR＝76－3×2＝70(m)

半円Oと半円Pの半径をamとすると，

OQ＝PR＝am，BC＝AD＝AB＝a×2(m)

よって，QRについて，a＋a×2＋a＝70

a×4＝70　　a＝70÷4＝17.5

したがって，AB＝17.5×2＝35(m)

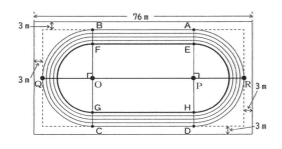

イ　アの解説の図をふまえる。最も内側の線のうち，曲線部分を合わせると，半径がOF＝OB－BF＝17.5－4.8＝12.7(m)の円になるから，求める長さは，35×2＋12.7×2×3.14＝149.756より，約150mである。

(2)ア　AチームはBチームと比べて，4年生が24－22＝2(人)多く，5年生が19－17＝2(人)少ないので，チームポイントの差は，2.5×2－2×2＝1(ポイント)

イ　つるかめ算を用いて求める。Cチームの5年生以外の70－38＝32(人)がすべて6年生のとき，Cチームの4年生は0人で，Dチームの4年生が45人，Dチームの6年生が49－32＝17(人)となるので，チームポイントは，Cチームの方がDチームより38×2.5＋32×3－(45×2＋17×3)＝191－141＝50高い。ここからCチームの6年生1人をCチームの4年生1人に置きかえると，Dチームの4年生1人がDチームの6年生1人に置きかわるから，チームポイントは，Cチームの方がDチームより(3－2)＋(3－2)＝2低くなる。よって，Cチームの4年生の人数は，50÷2＝25(人)

問3

(1)ア　6つの頂点からにそれぞれ電球を置くと，電球が照らす範囲はそれぞれ図ⅰ～図ⅵのようになる。よって，全体を照らすことができるのはLとOの2つである。

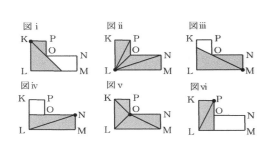

イ　アの図をふまえる。図1の正方形の面積を1とすると，Oに置いた電球が照らす範囲の面積は4，Kに置いた電球が照らす範囲の面積は2.5だから，求める割合は，4÷2.5＝1.6(倍)

(2) 右図の★印の7か所に電球を置くと，迷路の中すべてを照らすことができる。電球の置き方は，右図の位置以外にもいくつかある。

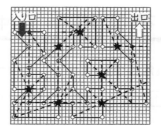

問4

(1)ア　4マス動かすときのこまの動かし方は，「←↑↑↑」「↑↑↑←」「↑↑↑→」「↑↑→→」「↑→→→」「→→→↓」「→→→↑」「→→↑↑」「→↑↑↑」「↓→→→」の10通りある。

イ　マスを□1，■1のように表す。こまは1度も進む方向を曲げずに2マス以上動かせないから，2回めを始めることができるマスは，S，□2，□3，■2，■5を除く25－5＝20(マス)である。そのうち，6マスこまを動かすことができるのは，☆，□1，□11，■0，■11を除く20－5＝15(マス)である。

(2)　Sから，□11⇒☆と動かすときの得点は，100＋11＋12＝123(点)

□11がある方向には行けないことに注意すると，2回めで3マス動かして得点が最も高くなるのは，☆から，「■11⇒■0⇒■7」「■11⇒■10⇒□3」「■11⇒□2⇒□5」と動かした場合で，このときの得点は，123＋11＋7＝141(点)となる。戻る方向には動かせないことに注意すると，最も高い得点になるのは，2回めで□3に動かしたときで，3回めでさいころの4の目が出れば，□3から，□2⇒■11⇒■0⇒■7と動かすことで，141＋2＋11＋0＋7＝161(点)となる。

《解答例》

問1	(1)①, ④, ⑤　(2)ア. 3　イ. 9.1
問2	(1)ア. 4　イ. 立方体A…6　立方体B…13　(2)ア. 31　イ. 127
問3	(1)ア. ①, ③　イ. ④　(2)ア. 3　イ. A
問4	(1)ア. あ. 5　い. 3　イ. 取り出す玉…C　加える玉…B　(2)ア. 11　イ. 14

《解　説》

問1

(1) ①. 〔会話文〕の3回目のたろうさんの発言から，あてはまるとわかる。　②. 風のつり橋は斜張橋ではなくつり橋なので，あてはまらない。　③. 鶴見つばさ橋は斜張橋なので，あてはまらない。

④. 〔特ちょう〕から，斜張橋もつり橋も塔があるので，あてはまる。　⑤. 分速300mで風のつり橋をわたりきる時間は267÷300＝0.89(分)，時速80km＝分速$\frac{80×1000}{60}$m＝分速$\frac{4000}{3}$mで横浜ベイブリッジをわたりきる時間は860÷$\frac{4000}{3}$＝0.645(分)だから，あてはまる。

(2)ア　あ→い→か の順で進むと，横浜ベイブリッジを通る。そこから羽田空港まで行くときの行き方は，う→え→お，う→え→き，か→き を通る場合の3通りある。き を通ったあとに え には行けないことに注意する。

イ　きょりが一番長いのは，あ→い→か→う→え→き の順に通るときで，きょりが一番短いのは，あ→い→う→え→き の順に通るときである。よって，求める差は，い と か，か と う の区間のきょりの和から，い と う の区間のきょりをひけばよいので，9.8＋4.6－5.3＝9.1(km)

問2

(1)ア　1gから考えていくと，1g，2gははかることができる。3gも1g＋2gではかることができる。4gは，1g，2g，5g，9gのおもり1個ずつではかることができない。よって，求める重さは4gである。

イ　立方体Aは，1回めで右にかたむいたので，9gより軽い。2回めで左にかたむいたので，5gより重い。3回めで右にかたむいたので，5＋2＝7(g)より軽い。4回めで同じはばで動いたので，5＋1＝6(g)である。立方体Bは，1回めで左にかたむいたので，9gより重い。2回めで右にかたむいたので，9＋5＝14(g)より軽い。3回めで左にかたむいたので，9＋2＝11(g)より重い。4回めで左にかたむいたので，9＋2＋1＝12(g)より重い。よって，立方体Bは14gより軽く12gより重いから，13gである。

(2)ア　5個のおもりで何gまで1gきざみではかれるのかを考える。軽い方から考えていくと，1gのおもりで1gをはかれる。2gをはかるために2gのおもりを用意すると，2＋1＝3(g)もはかれる。4gをはかるために4gのおもりを用意すると，4＋1＝5(g)，4＋2＝6(g)，4＋2＋1＝7(g)もはかれる。8gをはかるために8gのおもりを用意すると，8＋1＝9(g)から8＋4＋2＋1＝15(g)もはかれる。このように考えていくと，おもりを5個用意する場合，重い方からあ <u>16</u>g，い <u>8</u>g，う <u>4</u>g，え <u>2</u>g，お <u>1</u>gを用意することで，16＋8＋4＋2＋1＝お <u>31</u>(g)の重さまでをはかることができる。

イ　アより，おもりの重さは1g，2＝1×2(g)，4＝2×2(g)，8＝4×2(g)，16＝8×2(g)，…と

増えていることがわかる。よって，7個のおもりは，アで考えた5個のおもりと，16×2＝32（g），32×2＝64（g）の2個のおもりだとわかる。よって，[か]にあてはまる数は，64＋32＋16＋8＋4＋2＋1＝127

問3

(1)ア　C組は運動場が2回とも使えているので，雨ではない2日間で運動場を使っている。D組とB組の運動場が使えなかった日である8日，10日，11日は雨だから，C組が運動場を使った日は7日（①）と9日（③）である。

イ　C組は運動場と体育館での練習を3日連続にはならないようにしたので，体育館での練習は，7日，8日，9日を除く10日か11日である。11日はA組が体育館を使った日だから，C組が体育館を使った日は10日（④）である。

(2)ア　ドッジボールの結果を，勝ちを〇，負けを×，引き分けを△として，表Ⅰのようにまとめることができる。それぞれの勝ち点は，Aが1点，Bが1＋3＝4（点），Cが1＋3×2＝7（点），Dが1＋3＝4（点）であり，DはBに負けているので，Dは3位である。

Ⅰ	A	B	C	D
A		△	×	×
B	△		×	〇
C	〇	〇		〇
D	〇	×	×	

イ　アより，ドッジボールの順位は，1位がC，2位がB，3位がD，4位がAである。サッカーの結果を表Ⅱのようにまとめる。それぞれの勝ち点は，Aが1×2＋3＝5（点），Bが3点，Cが1＋3＝4（点），Dが1＋3＝4（点）であり，CはDに勝っているので，1位がA，2位がC，3位がD，4位がBである。

Ⅱ	A	B	C	D
A		〇	△	△
B	×		〇	×
C	△	×		〇
D	△	〇	×	

この2種目の順位の合計は，Aが4＋1＝5，Bが2＋4＝6，Cが1＋2＝3，Dが3＋3＝6
よって，バスケットボールでCが3位でも，順位の合計は3＋3＝6だから，Aが1位にならなければ，Cだけが総合で1位になる。

問4

(1)ア　①のとき，わり算のあまりとCの玉の数との積が4となるので，①のCの玉の数は4の約数となる。
③のとき，Cの玉は①のときよりも2＋1＝3（個）多い。また，計算結果が10であることから，①のCの玉の数より3大きい数は，10の約数である。よって，条件に合う①のCの玉の数はぅ2である。
③のときのCの玉の数は2＋3＝5だから，Aの玉の数をBの玉の数で割ったときのあまりは10÷5＝2となる。
③のときのAとBの玉の数の和は10－5＝5である。和が5で，商のあまりが2となる2数を探すと，2＋3＝5，2÷3＝0余り2が見つかるから，③のときのA，Bの玉の数はそれぞれ，2，3である。
したがって，①のときのAの玉は2＋3＝ぁ5（個），Bの玉はぃ3個である。

イ　計算結果が1となるのは，Aの玉の数をBの玉の数でわったときのあまりと，Cの玉の数がともに1になるときである。①のときのCの玉の数は2だから，取り出す玉はCの玉である。
Aの玉に加えると，6÷3＝2より，あまりが0になる。Bの玉に加えると，5÷4＝1あまり1となる。
よって，取り出す玉はCの玉，加える玉はBの玉である。

(2)ア　体積が大きい立体の順（A→B→C→D）で，それぞれの立体を使えるだけ使うと，図Ⅰのように図ⅠのようにAが1個，Bが2個，Cが3個，Dが5個の合計1＋2＋3＋5＝11（個）で図3を組み立てることができる。

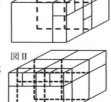
図Ⅰ

図Ⅱ

イ　Aを使用すると，図Ⅰのように，Dを少なくとも5個使わなければならないので，B→C→Dの順で，それぞれの立体を使えるだけ使うと，図ⅡのようにBが4個，Cが6個，Dが4個の合計4＋6＋4＝14（個）で図3を組み立てることができる。

《解答例》

問1 (1)②，④，⑤　(2)ア．自分は勉強，相手は部活が大切だと思う意見で議論をしてから，その両者の意見を逆にして議論することです。　イ．（例文）わたしは、支え合えるクラスという案を出します。わたしの案とは異なる案を出した人がいたら，おたがいの案のよいところを出し合い，それを話し合いでよりよい案にします。

問2 (1)ア．2，30　イ．7　(2)ア．70　イ．34

問3 (1)28　(2)ア．5.4　イ．33.64

問4 (1)46　(2)ア．3　イ．3番め…⑥　5番め…④

《解　説》

問1

(1)　①〔資料〕には「たとえばメンバーのひとりが〜書いた作文を<u>メンバー全員で議論して，作文のよいところ，悪いところを指摘(してき)します。次に〜ほかの班にわたして</u>」とあり，まずは同じ班のメンバーで議論することを想定しているので，あてはまらない。　②〔資料〕に「かれらは，議論を通して世の中には異なる意見がいくつもあることを知り」とあるので，あてはまる。　③筆者は，フィンランドの小学生の考えた議論する際のルールを紹介(しょうかい)し，「なかなかよく考えられたルールです。会議室にもはっておきたいくらい」とほめているので，小学生でも議論するときのルールを決めてよい。　④ルール3の「話すときに，おこったり泣いたりしない」について，筆者は「とくに3は，大人の会議でも感情的になってしまう人がいるので〜冷静に話し合いたいものです」と賛成しているので，あてはまる。　⑤「勉強と部活，どちらが大切か」というテーマでの議論の例をあげる前に，「だれかとふたりでもいいですし，<u>何人かのグループでもかまいません</u>」と言っているので，あてはまる。

(2)ア　最後の2行に「あえて自分とは<u>反対の意見でディスカッション</u>すると，<u>客観的に自分の考えが見えてきます</u>」とあることから，「部活」か「勉強」を選んで，しばらくしたら「<u>意見を逆にする</u>」ということを説明する。

問2

(1)ア　4分音符は1小節に4つあり，おどる曲は1分間に4分音符を120回打つ速さだから，1小節は $\frac{4}{120}$ 分＝（ $\frac{4}{120}$ ×60）秒＝2秒である。おどり①と③は，合わせて（53－13＋1）＋（122－89＋1）＝75（小節）あるから，求める時間は，2×75＝150（秒），つまり，2分30秒である。

イ　おどり②は81－57＋1＝25（小節）ある。3と4と6の最小公倍数は12だから，おどり②を始めてから12小節の間の1組，2組，3組の動きをまとめると，右表のようになる。

12小節の間に，表の○で囲まれた3回だけ同じ動きをするから，25÷12＝2あまり1より，12小節でこれを2回くり返し，最後の1小節で同じ動き（A）をするから，求める回数は，3×2＋1＝7（回）

	1	2	3	4	5	6	7	8	9	10	11	12
1組	A	B	C	A	B	C	A	B	C	A	B	C
2組	A	B	A	C	A	B	A	C	A	B	A	C
3組	A	A	B	A	A	C	A	A	B	A	A	C

(2)ア　表の面も裏の面も□の段ボールを持つ人の数を考えればよい。

右図のように，図1の□の段ボールに図2の▨の段ボールをかき加えると右図のようになるので，この図の□の段ボールの数を数えればよい。

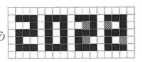

イ　図2から，図1の■の段ボールを太線で囲むと右図のようになるので，太線で囲まれた▨の段ボールを数えればよい。

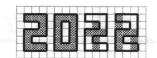

問3

(1)　Aの部分に使う棒は，〔図2〕の工作の木材を5等分したものを使う。〔図3〕より，5等分したものを4本使うごとに高さが0.4cm上がる。高さは14cmにするから，5等分したものを $4 \times (14 \div 0.4) = 140$(本)使う。
よって，使った工作の木材は，$140 \div 5 = 28$(本)

(2)ア　Bの部分に使う棒の長さは，$20 \div 4 = 5$(cm)

この4本の棒を使って，わくの高さとわくのはばが等しい1個のわくを作るので，わくは右図のように組み立てられる。よって，わくの高さは $5 + 0.4 = 5.4$(cm)

イ　わくの高さとわくのはばが5.4cmのわくを使って，アと同様の形で⑥を組み立てる。よって，縦の長さと横の長さはともに $5.4 + 0.4 = 5.8$(cm)だから，Cの板の面積は，$5.8 \times 5.8 = 33.64$(cm²)

問4

(1)　図Ⅰのように移動させるので，全部で46マス進ませる。

(2)ア　道順は図Ⅱのようになる。⑦を使わずにカードを並べると，1右3右1左2左3右2左3右2右3，とカードが17枚並ぶ。下線部の8枚のカードは，（2左3右)を2回くり返しているので，⑦を使うと5枚のカードで表せる。よって，差の枚数は $8 - 5 = 3$(枚)である。

図Ⅰ

図Ⅱ

イ　道順は図Ⅲのようになる。⑦を使わずにカードを並べると，⑤3右3右　③3左　⑥6左6左6左　②1右　④2右2右　⑧1左1右1左1右　①6となる。よって，3番めは⑥，5番めは④である。

図Ⅲ

《解答例》

問1　(1)①，②，⑥　　(2)ア．箱根寄木細工づくり　イ．関所をさけて山の中をぬけてしまうのを防ぐ

問2　(1)かなこさん…③　たろうさん…⑤　　(2)ア．17　イ．24

問3　(1)4　　(2)ア．8　イ．7，9

問4　(1)ア．④　イ．1番め…③　2番め…①　3番め…②　4番め…④　　(2)ア．3　イ．12

《解　説》

問1

(1)　①資料に「箱根の山は，1つの山ではなく複数の山が集まって形成されていて，神奈川県の西部にあります」

とあるので，適する。　　②資料に「箱根の山道を通る〜約 32km の道のりは，箱根八里とよばれ」とあるので，適

する。　　③選択肢にある「800m」は，道のりではなく高低差である。よって，適さない。　　④資料に「関所とは，

江戸を守るために人や武器の出入りを調べたところです」とある。旅する人が休息する場所は「宿」なので，適

さない。　　⑤資料に「箱根関所は，箱根八里の真ん中あたりにつくられ」とあるので，選択肢の「江戸と京都を結

ぶ道」は誤り。よって，適さない。　　⑥資料に「江戸時代には〜柵が建物の周りだけでなく湖の中から山の

頂上にまではりめぐらされていたといわれています」とあるので，適する。

(2)ア　空らんの直前の「箱根町畑宿では」に着目する。資料に「箱根寄木細工は，江戸時代末期ごろから〜箱

根町畑宿でつくられるようになったといわれています」とあるので，この部分からまとめる。　　イ　空らんの直

前の「関所守り村も設置され」に着目する。資料に「『関所守り村』が設置され，村人には，道を外れるあやしい

人を見かけたら報告する義務がありました」とある。道を外れる人は，「関所をさけて山の中をぬけてしまったり

する関所破り」をしている可能性があり，そうしたことを防ぐために，「関所守り村」が設置されたのである。

問2

(1)　1mL＝1㎤である。それぞれの容積を計算すると，①が（5÷2）×（5÷2）×3.14×4＝25×3.14＝78.5（㎤），

②が（6÷2）×（6÷2）×3.14×4＝36×3.14＝113.04（㎤），③が（7÷2）×（7÷2）×3.14×4＝49×3.14＝

153.86（㎤），④が5×11×4＝220（㎤），⑤が5×13×4＝260（㎤）となる。

かなこさんは容積が800－650＝150（㎤）の容器が必要なので，③を使うとよい。

たろうさんは容積が900－（8×20×4）＝260（㎤）の容器が必要なので，⑤を使うとよい。

(2)　布A，Bそれぞれ1枚について，〔完成図〕の真横から見た場合，のりしろに

ついても考えると，図ⅰ，ⅱのようになる。（ウは正面から見たときの布Aの高さ，

エは布Aでひもを通すために折り曲げた部分，オは布Aと布Bをぬいしろで合わせ

る部分，カは正面から見たときの布Bの高さ，キは布Bのまちはば）

〔完成図〕より，ウ＝18－6＝12（cm），カ＝6cm，キ＝10cmである。

〔つくり方〕①より，オ＝1cmである。

④より，図ⅰの太線部分は布が3枚重なっており（2回折っているから），

エ＝2cmである。よって，ア＝ウ＋オ＋エ×2＝12＋1＋2×2＝17（cm），

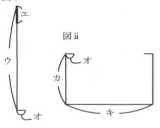

$\boxed{ウ}=オ×2+カ×2+キ=1×2+6×2+10=24(cm)$

問3

(1) ①より，$(1＋0＋3)×3＝12$　　②より，$9＋5＝14$　　③より，$12＋14＝26$

④より，$26＋□＝30$　　$□＝30－26＝4$　　よって，チェックデジットは4である。

(2)ア　〔表〕より，2をかける場合は，通し番号『20003』と『20008』のチェックデジットが同じになるので，『20003』の3を8と入力しても，チェックデジットは同じになる。よって，あにあてはまるのは8である。

イ　チェックデジットは，〔チェックデジットの決め方〕の③で求めた数の一の位の数によって決まる（例えば，③で求めた数の一の位が1ならば，チェックデジットは$10－1＝9$）。③は①と②で求めた数の和だから，通し番号の奇数番め，偶数番めのけたの数の入力を間違えると，それぞれ①，②で求めた数の一の位の数が異なり，エラーが出る（入力を間違えても①，②で求めた一の位の数が同じになってエラーが出ないこともある）。

よって，奇数番めの入力を間違えたときに，①で求めた数の一の位の数が異なる数になるようにしたい。

したがって，かける数を△とすると，(ⓐ奇数番めのけたの数の和)×△の一の位の数が，④の一の位の数によって，異なる数になればよい。

△が偶数（4，6，8）のときは，ⓐ×△が偶数になるから，一の位の数は偶数となる。

△＝5のときは，ⓐ×△が5の倍数になるから，一の位の数は0か5となる。

△＝7のときは，ⓐ×△が7の倍数になるから，7，14，21，28，35，42，49，56，63，70より，一の位の数は0〜9の10通りある。

△＝9のときは，ⓐ×△が9の倍数になるから，9，18，27，36，45，54，63，72，81，90より，一の位の数は0〜9の10通りある。

したがって，条件に合うのは7と9である。

問4

(1)ア　カードの上の辺の高さは，①が$5＋22＋(8÷2)＝31(cm)$，②が$4＋21＋(6÷2)＝28(cm)$，③が$3＋23＋(6÷2)＝29(cm)$，④が$13＋15＋(4÷2)＝30(cm)$だから，2番目に高いのは④である。

イ　針金を半回転させることで，カードの上の辺の高さは，半回転させる前より，①が$(11－5)×2＝12(cm)$高くなり，②が$(11－4)×2＝14(cm)$高くなり，③が$(11－3)×2＝16(cm)$高くなり，④が$(13－11)×2＝4(cm)$低くなる。よって，針金を半回転させた後のカードの上の辺の高さは，①が$31＋12＝43(cm)$，②が$28＋14＝42(cm)$，③が$29＋16＝45(cm)$，④が$30－4＝26(cm)$となるから，高い順に並べると，③，①，②，④

(2)ア　Aの歯の数を①とすると，それぞれの歯車の歯の数は，Bが$①÷\frac{1}{2}＝②$，Cが$①÷\frac{1}{3}＝③$，Dが$①÷\frac{1}{8}＝⑧$と表せる。よって，B，C，Dはそれぞれ，Aを$②÷①＝2(周)$，$③÷①＝3(周)$，$⑧÷①＝8(周)$だけ回転させるごとに1回転する。1と2と3と8の最小公倍数は24だから，Aを24周回転させるごとに，〔図5〕と同じ状態になる。$75÷24＝3$余り3より，Aを75回転させるまでに，〔図5〕と同じ状態になるのは3回である。

イ　アをふまえる。〔図5〕の状態から，それぞれAを1周，2周，3周させるごとに，A，B，Cは〔図7〕の状態になる。Dは〔図5〕の状態からAを$8÷2＝4(周)$させるとはじめて〔図7〕の状態になり，そこからAを8周させるごとに〔図7〕の状態となる。

よって，1と2と3の最小公倍数は6なので，Aを6の倍数周だけ回転させるとA，B，Cが〔図7〕の状態となり，Aを4周，$4＋8＝12(周)$，$12＋8＝20(周)$，…と回転させるとDが〔図7〕の状態となるから，求める回転数は，12周である。

《解答例》

問1　(1)②，③，④　　(2)(例文)伝統的な品種を守ることは，地域のかん境にあった品種をつくることができる可能性を確保し，わたしたちが将来にわたって安定して食りょうを得ていくことにつながっているから必要です。わたしは，将来，農業関係の研究所で働き，地元の農家の方と協力して農作物の研究や開発に取り組むことで，伝統的な品種を守りたいです。

問2　(1)②，④，⑥　　(2)ア．1分間にうっている　イ．一生のあいだにうつ

問3　(1)ア．①　イ．9.5　　(2)74

問4　(1)6，30　　(2)ア．6　イ．32

《解　説》

問1

(1)　①〔表〕の「需要量のうち食品用」を見ると，2013年度は936(千ｔ)，2017年度は988(千ｔ)であり，その間の年度も増加し続けている。よって，適さない。　②選択肢にある「割合」は，〔表〕の「食品用の自給率」であり，どの年も4分の1以下なので，適する。　③〔資料1〕に，「大量生産が求められる時代にあって(伝統野菜の)生産が減少していましたが～その伝統野菜に再び注目が集まってきています」とあるので，適する。　④〔資料2〕に，「伝統野菜は，その土地その土地の風土に適した作物と育て方のヒントを与えてくれる」とあるので，適する。　⑤〔資料3〕に，「生きものは同じ種類であっても，地域によって微妙に色や形，性質などが異なることから」とあるので，適さない。

問2

(1)　①．〔会話文〕より，ハツカネズミの1日分のえさは10ｇなので，正しくない。

②．1kg＝1000ｇ，1ｔ＝1000kg＝1000000ｇだから，3kg＝3000ｇ，30kg＝30000ｇ，300kg＝300000ｇ，3ｔ＝3000000ｇである。〔表〕より，ネズミ，ウサギ，イヌ，ブタ，ゾウの体重はそれぞれ，ハツカネズミの体重の300÷30＝10(倍)，3000÷30＝100(倍)，30000÷30＝1000(倍)，300000÷30＝10000(倍)，3000000÷30＝100000(倍)となり，どれも1日分のえさの量の倍率より高いから，正しいといえる。

③．ハツカネズミは30日でえさを10×30＝300(ｇ)食べる。これは自分の体重と同じではないから，正しくない。

④．ハツカネズミが1日に食べるえさは10ｇであり，これは体重の$\frac{10}{30}=\frac{1}{3}$だから，正しい。

⑤．〔資料〕より，「ゾウはネズミよりずっと長生き」だが，「一生のあいだに心臓がうつ回数」はおなじとあるので，正しくない。

⑥．〔資料〕より，ハツカネズミは1回息を出し入れするのに0.4秒かかるから，1分間＝60秒間で60÷0.4＝150(回)ほど息を出し入れする。よって，正しい。

(2)　〔資料〕をよく読んで，〔資料〕の言葉を使ってあてはまる内容を考えよう。

問3

(1)ア 〔図3〕について、□1の点あ～点かの記号をかきこむと、右図のようになる。
よって、点おと点かを結ぶ線は、①だとわかる。

イ 〔図1〕の□1より、1階のゆかから2階のゆかまでの高さは5cmである。
よって、〔図2〕の□3について、図iiのように色をぬると、色がついた部分の
長方形は5÷0.5＝10(個)あるとわかる。色のついていない長方形は、色のついた
長方形より1個少ないから、10－1＝9(個)ある。よって、求める縦の長さは、0.5×(10＋9)＝9.5(cm)

(2) かざり紙はすき間なくはりつけられたのだから、(はりつけた部分の面積)÷(かざり紙の面積)で求められる。
窓とドアを考えずに、2階の外側のかべ6面の面積の和を求めると、(2階の天井の周りの長さ)×(2階のゆか
から2階の天井までの高さ)＝(6＋2＋2＋6＋4＋8)×5＝140(cm²)となるので、はりつけた部分の面積は、
ここから窓とドアの面積をひいて、140－(3×2＋5×2＋7×6)＝111(cm²)となる。
〔図4〕より、かざりの紙の面積は1×2－(1－0.5)×1＝1.5(cm²)だから、求める枚数は、111÷1.5＝74(枚)

問4

(1) カードの数は、18との差が12になる数だから、18－12＝6と18＋12＝30が考えられる。

(2)ア 進んだマスの数の和(ひいたカードの数の和)が12の倍数になったときにゴールとなる。
2枚のカードの和が12の倍数となる組み合わせは、(2，10)(4，8)(11，13)の3通りある。その3通りの組み
合わせそれぞれに対して、ひいた順番が2通りずつ(例えば、2→10の順にひく場合と10→2の順にひく場合)ある
から、全部で3×2＝6(通り)ある。

イ 引いた4枚のカードの和が12×3＝36になれば、3周してゴールとなる。その際、途中で和が12や24にならな
いように、ひく順番を考える。すべてのカードの和は2＋4＋8＋10＋11＋13＝48だから、4枚のうち選ばない2枚の
カードの和が48－36＝12になれば、4枚のカードの和が36となる。和が12となる2枚の組み合わせは、(4，8)と
(2，10)だから、4枚のカードの組み合わせは、(2，10，11，13)(4，8，11，13)の2通りが見つかる。
(2，10，11，13)について、ひく順番が何通りあるか考える。2と10、11と13の和が12の倍数になるので、
1枚めが2だった場合、2枚めが10だと和が12の倍数となりゴールしてしまうので、2枚めは11か13の2通
りある。3枚めは残りの2通り、4枚めは残りの1通りあるから、ひく順番は2×2×1＝4(通り)ある(3枚め
で和が12の倍数となることはない)。1枚めが10、11、13だった場合も、同様に4通りずつあるとわかるので、
(2，10，11，13)のひく順番は、4×4＝16(通り)ある。
(4，8，11，13)のひく順番も同様に16通りあるとわかるので、全部で16×2＝32(通り)ある。

※グループ活動による検査の解答は収録していません。

《解答例》

問1 (1)②，③　　(2)ア．スカーフの製造　イ．粉末などに加工して，けしょう品や食品に活用すること

問2 (1)ア．③　イ．⑦　　(2)0.897

問3 (1)④　　(2)ア．⑥　イ．アメリカ合衆国からの旅行者の数は，2013年は，1000万人の7.7%で77万人，2018年は，3000万人の4.9%で147万人となり，増加しているため。

問4 (1)②，④，⑤　　(2)ア．12　イ．1，3，4

《解　説》

問1

(1)　①「まゆから作られたせんいは化学せんい」の部分が適さない。〔シルクとわたしたちのくらし〕の最初の項目に「カイコのまゆ～から作られた天然せんいと，石炭や石油などから人工的に作られた化学せんい」とある。

②〔シルクとわたしたちのくらし〕の2番目の項目に「まゆ1個からおよそ1300mの糸がとれます」「スカーフ1枚を作るには，110個のまゆが必要です」とある。スカーフを1枚作るのに110個のまゆが必要なのだから，スカーフ10枚では，110×10＝1100個のまゆが必要である。よって適する。　③〔シルクとわたしたちのくらし〕の3番目の項目の「シルクは人の皮ふに近い成分でできているため，シルクで作った製品は，はだにやさしく」と一致する。　④〔横浜とシルクの関わり〕の2番目の項目に「現在の神奈川県や，群馬県や長野県などで生産された生糸は，輸出のために横浜へ運ばれました」とあるので適さない。　⑤〔横浜とシルクの関わり〕の3番目の項目に「生糸の輸出相手国の1位はイギリスでしたが，その後はフランスが1位となり，さらに～アメリカ合衆国が1位となりました」とある。選択肢はフランスとアメリカが逆になっているので適さない。以上から，②と③が適する。

(2)ア　〔横浜とシルクの関わり〕の最後の項目に「万国博覧会にシルクのハンカチを出品したことなどがきっかけで，横浜ではスカーフの製造がさかんになりました」とある。　イ　〔シルクとわたしたちのくらし〕の最後の項目の「新しい試みとしては，粉末などに加工してせっけんや口紅などのけしょう品の分野や，そうめんやあめなどの食品の分野をはじめ～活用しています」からまとめる。

問2

(1)　ア．③○…〔食品のグループ分け〕に着目する。ご飯は炭水化物，納豆はたんぱく質，みそ汁は(具もみそも)たんぱく質を多くふくむ。炭水化物はおもにエネルギーのもとになる食品，たんぱく質はおもに体をつくるもとになる食品だから，この朝食ではおもに体の調子を整えるもとになる食品が足りていないことになる。

イ．⑦○…〔かながわの特産品〕に着目する。2月が旬の時期になるのはだいこんだけである。

(2)　パンは100gあたり480mgのナトリウムがふくまれているから，パン6枚(400g)では$480×\frac{400}{100}=1920$(mg)のナトリウムがふくまれている。パン1枚では1920÷6＝320(mg)である。また，ヨーグルトは1個に33mgのナトリウムがふくまれているから，ナトリウムの量は合計で320＋33＝353(mg)→0.353gになる。したがって，〔計算式〕より，食塩相当量は0.353×2.54＝0.89662→0.897gである。

問3

(1)　④が正しい。26.9＋24.2＋15.3＋7.1＝73.5(%)は，75%＝4分の3が最も近い。

(2)ア　⑥が正しい。中国からの旅行者数は，2013年が1000×0.127＝127(万人)，2018年が3000×0.269＝807(万人)だから，807÷127＝6.3…より，約6倍になっている。

イ　式まで入れた解答をつくると，アメリカ合衆国からの旅行者の数は，2013年は，1000×0.077＝77（万人），
2018年は3000×0.049＝147（万人）となり，増加しているため，となる。

[問4]

(1)　それぞれの展開図の向きを変えたり，変形したりしたときに，右図Ⅰまたは
右図Ⅱの太線で囲んだ目の配置ができる展開図を探す。立方体の展開図では，
となりの面にくっつくのならば，面を90度だけ回転移動させることができること
を利用して，1の目の下に3の目がくる配置をつくったときに，3の左に2（図Ⅰ），
または，3の右に5（図Ⅱ）がくればよい。

なお，1列に3つまたは4つの目が同じ並びとなっても，同じさいころとならないことに注意する。

①の展開図は，右図Ⅲのように2の目の太線の辺が矢印の
先の辺につくように回転移動して，展開図の向きを変える
と，3の右に2があり，図Ⅰ，Ⅱの太線で囲んだ目の配置
と同じものができないから，あのさいころと同じにならな
いとわかる。

②～⑤の展開図は，
右図Ⅳのように変形した
り，向きを変えたりする
ことができるから，②，
④，⑤の展開図を組み立
てると，あのさいころと
同じになるとわかる。

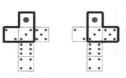

図Ⅰ　　　図Ⅱ
あのさいころ　あのさいころ

図Ⅲ
①

図Ⅳ②　　　　　　　　　　　　　　　③

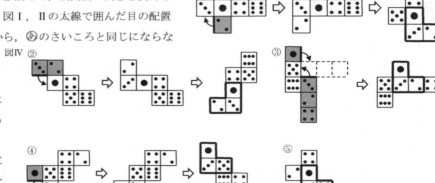

④　　　　　　　　　　　　　　　⑤

(2)ア　さいころは向かい合う面の目の数の和が7になるから，A，B，Cと後ろの面の目の数の和はそれぞれ7
となる。したがって，A，B，Cと後ろの面の6つの面の目の数の和は，7×3＝21となる。よって，先生の方
から見えているA，B，Cの後ろの3つの面の目の数の和は，21－9＝12である。

イ　A，B，Cの3つの目の数の和は9で2つは同じ数だから，3つの目の数の組みあわせは，「2と2と5」と
「4と4と1」の2通りある。Dの目の数が3だから，Dと向かい合う面の数は4と決まり，Cは4ではないとわかる。
したがって，（A，B，C）の目の数は，（2，2，5），（2，5，2），（5，2，2），（4，4，1）の4通りある。
右図のように，さいころの各面に記号をおく（Bの左側の面をG，Bの下側の面をHとする）。
Fの目とCの左側の面の目の数の和は7で，Cの左側の面とBの右側の面の目の数の和も7，
Bの右側の面とGの目の数の和も7だから，FとGの目の数の和も7となる。同様にHとEの目
の数の和も7である。また，〔図1〕の展開図や(1)で選んだ正しい展開図などを参考に各面の目の数を求める。

（A，B，C）の目の数が（2，2，5）のとき，Dが3，Cが5だから，Fは1とわかる。Gは7－1＝6，Bは
2だから，Hは3とわかる。したがって，Eは7－3＝4である。

（A，B，C）の目の数が（2，5，2）のとき，Dが3，Cが2だから，Fは6とわかる。Gは7－6＝1，Bは
5だから，Hは3とわかる。したがって，Eは7－3＝4である。

（A，B，C）の目の数が（5，2，2）のとき，Dが3，Cが2だから，Fは6とわかる。Gは7－6＝1，Bは
2だから，Hは4とわかる。したがって，Eは7－4＝3である。

（A，B，C）の目の数が（4，4，1）のとき，Dが3，Cが1だから，Fは2とわかる。Gは7－2＝5，Bは
4だから，Hは6とわかる。したがって，Eは7－6＝1である。

よって，黒いテープの面（E）の目として考えられる数は，1，3，4の3つある。

《解答例》

問1 (1)①，⑤　　(2)車いすの方が道路の段差で困っているのを見かけたとき，「きっとだれかが手伝うはず。」と思い，わたしは何もしませんでした。それは心のバリアだと思います。これからは「何かお困りですか。」と声をかけ，お手伝いできることをするようにしたいです。もし，自分だけで行動できないときは，助けを求めるようにしたいです。

問2 (1)58　　(2)▧のレンガ…36　□のレンガ…34

問3 (1)②，⑤　　(2)ア．（あ）③　（い）②　（う）①　イ．②

問4 (1)8　　(2)216

《解　説》

問1

(1) ①〔会話文〕のかなこさんの2番目の発言と〔記事1〕の「バリアフリーとは」の項目と一致する。
②「スロープ」は斜面，坂のこと。車いすの人は，階段などの段差があると移動できないため，公共施設や老人ホームにはスロープが設置されていることが多い。よってスロープはバリアではない。　③〔記事1〕から，「段差やすき間，せまい道路」などは「移動面のバリア」である。　④同じく〔記事1〕から，「日本語の音声のみのアナウンス」は，「情報面のバリア」である。　⑤〔記事1〕の「街の中のバリアフリーの例」の，エレベーターの項目の内容と一致する。　⑥「点字ブロックの線状ブロック」は，「歩く方向を確認する」ためのものである。「立ち止まって安全を確認する」のは「点状ブロック」である。以上から，①と⑤が適する。

問2

(1) 柱は真上から見たとき，1辺が4cmの正方形だから，あの長さは200−60−4×2＝132(cm)，いの長さは140−40−4×2＝92(cm)である。縦板のはばと，縦板と縦板の間の長さはそれぞれ4cmだから，花だんの横の辺（あ）の横板を4cm間かくに区切ると132÷4＝33(か所)になる。横板のはしに縦板をおき，4cm間かくで縦板を並べるから，33÷2＝16余り1より，縦板は16＋1＝17(枚)必要である。同じように，花だんの縦の辺（い）に使う縦板の枚数を求めると，92÷4＝23(か所)，23÷2＝11余り1より，11＋1＝12(枚)必要である。
柵で花だんの周りを囲むから，縦板は合計(17＋12)×2＝58(枚)必要となる。

(2) Ⓐの部分を右図のように分け，レンガ2個を使ってできる1辺が20cmの正方形をしきつめると考える。正方形はⓅの縦に(140−40)÷20＝5(個)，横に60÷20＝3(個)並ぶから，Ⓟに正方形は5×3＝15(個)しきつめられる。このとき，Ⓟの角（〔図1〕のⒷ）から，▧のレンガの正方形を並べるので，▧のレンガの正方形の方が，□のレンガの正方形より1個多い。15÷2＝7余り1より，Ⓟには，▧の正方形のレンガが8個，□の正方形のレンガが7個しきつめられる。正方形はⓆの縦に40÷20＝2(個)，横に200÷20＝10(個)並ぶから，Ⓠに正方形は2×10＝20(個)しきつめられる。20÷2＝10より，Ⓠには，▧の正方形のレンガが10個，□の正方形のレンガが10個しきつめられる。
よって，▧のレンガは全部で(8＋10)×2＝36(個)，□のレンガは全部で(7＋10)×2＝34(個)必要となる。

(1) 赤色リトマス紙を青色に変えるのはアルカリ性の水よう液だから，アルカリ性の水よう液は1つだけである（②が正しい）。5種類の水よう液のうちアルカリ性の水よう液は石灰水だけだから，取り出した3種類の水よう液には必ず石灰水がふくまれている。石灰水は固体がとけている水よう液だから，水を蒸発させると固体が残る。したがって，もう1つの固体が残った水よう液は食塩水かミョウバン水のどちらかであるが，どちらかはわからない。また，同様に，水を蒸発させても何も残らなかった1つの水よう液は，気体がとけていたことだけはわかるが，それが炭酸水かうすい塩酸のどちらであるかはわからない（⑤が正しい）。

(2)ア　①では石灰水の1つだけで変化があり（白くにごる），②では酸性の炭酸水，うすい塩酸，ミョウバン水の3つで変化があり（赤色に変わる），③ではうすい塩酸の1つだけで変化がある（気体が発生する）。したがって，結果に着目すると，変化ありが1つだけになっている実験1と実験3には①か③のどちらかがあてはまり，実験2(い)には②があてはまると考えられる。さらに，実験2の結果で変化ありが2つになっている（3つではない）ことに着目すると，実験1で変化ありのCがうすい塩酸であることがわかるから，(あ)には③，(う)には①があてはまる。

イ　アの続きを考えると，実験2で変化なしの（酸性ではない）AとDは食塩か石灰水のどちらかであり，実験3で変化なしのAが食塩水（②が正答），変化ありのDが石灰水だとわかる。また，実験2で変化あり（酸性）のBとEは炭酸水かミョウバン水のどちらかであり，実験4で固体が残ったBがミョウバン水，Eが炭酸水だとわかる。

(1)　ストローだけでできた箱が上の段にあるとき，下の段の記号が見えることに注意する。

ストローだけでできた箱は4の倍数の番号のところに並び，☆の記号の箱は4の倍数に1足した番号（1もふくむ）のところに並ぶ。したがって，右図のようになる。

右図の色付きの☆の記号は，真上に箱が重なっていないから見える。太線で囲んだ箱は重なり上の段がストローだけの箱だから，下の段の☆の記号が見える。よって，☆の記号は8個見える。

※□はストローだけでできた箱を表す

(2)　かなこさんの案で〔図2〕の立体を作った場合に必要なストローの本数を数え，何本減らすことができるか求める。

まず，1段目だけを作ることを考える。1段目の下の面にストローは，縦向きに並べるストロー（右図の太線）が5×6＝30(本)，横向きに並べるストロー（右図の二重線）が5×6＝30(本)だから，30×2＝60(本)必要となる。同じように，1段目の上の面にストローは，60本必要となる。下の面と上の面をつなぐストローの数は，図の点の数に等しく6×6＝36(本)ある。したがって，

1段目だけを作るのに必要な本数は60×2＋36＝156(本)である。この上に2段目を作るとき，1段目の上の面と2段目の上の面をつなぐストローは，4×4＝16(本)，2段目の上の面にストローは，（3×4）×2＝24(本)必要だから，このときに必要となるのは16＋24＝40(本)である。さらにこの上に3段目を作るとき，2段目の上の面と3段目の上の面をつなぐストローは4本，3段目の上の面にストローは4本必要だから，このときに必要となるのは4＋4＝8(本)である。

よって，必要なストローの本数は，全部で156＋40＋8＝204(本)だから，減らすことができるストローは，420－204＝216(本)である。

※グループ活動による検査の解答は収録していません。

《解答例》

問1	(1)⑤，⑦	(2)急増した自動車により，道路が混雑した
問2	(1)ア．ⓘ，ⓞ　イ．ⓤ	(2)ア．0.5　イ．ⓘ
問3	(1)57	(2)29376
問4	(1)安全を確保する	(2)ア．②　イ．31，49

《解説》

問1

(1)　①〔会話文〕の「約70年間にわたって路面電車は…走っていましたが，今は路線が残っていないので見ることができません」より，あてはまらない。　②〔横浜市電に関するできごと〕の「関東大震災により横浜市電の車両の半数以上を失いました」「横浜大空襲により横浜市電の全車両の約25％を失いました」より，あてはまらない。③〔横浜の発展と交通〕の「昭和30年代，横浜市電の乗客数が一日あたり約30万人になりました」より，あてはまらない。　④〔横浜の発展と交通〕の「1972年3月までに…横浜市電の路線をすべてはい止しました」「1972年12月に，横浜市営地下鉄が開業しました」より，あてはまらない。　⑤〔横浜市電に関するできごと〕の「1966年…横浜市電をはい止することを決めました」と〔横浜の発展と交通〕の「1965年…横浜市営地下鉄の建設計画が発表されました」より，あてはまる。　⑥〔横浜の発展と交通〕の「国鉄の路線が新しく開通すると，横浜市電の利用者が大幅に減少しました。その一方で，横浜市営バスの乗客数が増え，横浜市電の乗客数を逆転しました」より，あてはまらない。　⑦〔横浜市電に関するできごと〕の「1966年…横浜市電をはい止することを決めました」と〔横浜の発展と交通〕の「1972年3月までに…横浜市電の路線をすべてはい止しました」より，あてはまる。

(2)　〔記事〕の　　　　前後の「昭和30年代後半から，横浜市電の輸送力は」「低下しました」が，〔横浜の発展と交通〕の「昭和30年代後半から」「横浜市電の輸送力は低下しました」に対応していることに着目すれば，その間の「自動車が急増し…道路が混雑しました」を導き出せる。「15字以上20字以内」という条件を見逃さないようにしたい。

問2

(1)ア　3つの条件があり，そのうちの1つの条件について調べるときには，他の2つの条件が全く同じになっているものを比べる必要がある。実験の②では，おもりの重さが異なる2つについて結果を比べるので，ふりこの長さとふれはばが同じⓘとⓞが正答となる。　イ　実験の①では，おもりの重さとふれはばが同じⓔとⓚ，実験の③では，ふりこの長さとおもりの重さが同じⓐとⓔを比べるので，アと合わせて考えると，ⓤが使わないふりこである。

(2)ア　たろうさんは，ふりこの長さを半分にすると，ふりこが1往復する時間も半分になると予想しているので，ふりこの長さが50cmのときのふりこが1往復する時間が1.0秒になるとしたら，ふりこの長さが50cmの半分の25cmになると，ふりこが1往復する時間が1.0秒の半分の0.5秒になるはずである。　イ　ふりこが1往復する時間が2倍になるときのふりこの長さに着目する。ふりこが1往復する時間が1.0秒から2.0秒へと2倍になるのは，ふりこの長さが25cmから100cmへと4倍になったときである。ふりこの長さを12.5cmから50cmにしたときでも同

様の関係になっている。つまり，ふりこが1往復する時間が2倍になるのは，ふりこの長さが2×2＝4（倍）になったときであり，ふりこの長さを50cmの2×2＝4（倍）の200cmにすると，ふりこが1往復する時間は1.4秒の2倍の2.8秒になると考えられる。なお，ふりこが1往復する時間が3倍，4倍，…になるのは，ふりこの長さが3×3＝9（倍），4×4＝16（倍），…になるときである。

問3

(1) 1辺が40cmの正方形のタイルカーペット1枚を①，これを半分にした40cm×20cmの長方形のタイルカーペット1枚を $\frac{1}{2}$，さらにこの半分の1辺が20cmの正方形のタイルカーペットを $\frac{1}{4}$ とする。

Aの部分にもカーペットをしくとして，カーペットのしき方を考える。部屋のゆかを4等分すると縦の長さは2.8÷2＝1.4（m），つまり140cm，横の長さは3.6÷2＝1.8（m），つまり180cmである。140÷40＝3余り20より，縦方向には①を3枚，$\frac{1}{2}$ を1枚，180÷40＝4余り20より，横方向には①を4枚，$\frac{1}{2}$ を1枚しきつめればよいとわかる。したがって，右図のようになるから，部屋の角には $\frac{1}{4}$ を1枚しきつめればよいとわかり，必要なカーペットは全部で，①が3×4×4＝48（枚），$\frac{1}{2}$ が（3＋4）×4＝28（枚），$\frac{1}{4}$ が1×4＝4（枚）である。ここから，Aの部分にしかれているカーペットを引く。Aの部分は図の色付き部分だから，①が4枚，$\frac{1}{2}$ が4枚，$\frac{1}{4}$ が1枚である。したがって，必要なカーペットの枚数は，①が48－4＝44（枚），$\frac{1}{2}$ が28－4＝24（枚），$\frac{1}{4}$ が4－1＝3（枚）である。$\frac{1}{2}$ を24枚作るのに①は24÷2＝12（枚），$\frac{1}{4}$ を3枚作るのに①は1枚必要だから，求めるタイルカーペットの枚数は，44＋12＋1＝57（枚）である。

(2) 問題文からわかることを，図に書き込みながら整理するとよい。

製作の計画，図からわかることを図に書くと，右図のようになる。

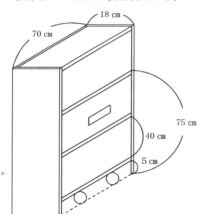

また，タンスと机のすき間は20cmで，タンスと棚，棚と机の間はそれぞれ1cmあけるから，棚の横の長さは20－1×2＝18（cm）である。したがって，2段目の内側の縦の長さは，70cmからエとオの板の厚さを引いた70－1×2＝68（cm），横の長さは，18cmからイとウの板の厚さを引いた18－1×2＝16（cm），高さは75－5－40－1×3＝27（cm）とわかる。

よって，求める容積は，68×16×27＝29376（cm³）である。

(1) ☐ 前でたろうさんと先生が「すべての信号が赤になっている時間」は「交差点にまだ残っている車などが，出て行くことができるようにするため」と言っており，その前でかなこさんが「青の点めつの時間があることで，（歩行者が）青でわたりきれなかったときに，そのまま横断する，または引き返す時間を確保しています」と言っている内容に対応していることに着目すれば，信号がすぐに変わらないのは，歩行者や車などが安全にわたれるための工夫であることが導き出せる。「5字以上10字以内」という条件を見逃さないようにしたい。

(2)ア すべての信号が赤になる時間が3秒間あるから，◐が赤になった3秒後に◍は青になるとわかる。したがって，午前7時30分0秒から午前7時30分25秒までの◍の色をまとめると，右表のようになるから，

秒	0		3		23		28		
◍	赤	→	→	赤青	青	→	青黄	→	黄赤	…
◐	→	黄	赤	→						…

(時刻は午前7時30分台)

午前7時30分25秒のときの◍の色は黄色とわかる。

イ Ⓐと®をバスが通過しないとすると，◍と◐の色は1周するのに20＋5＋26＝51（秒）かかるから，午前7時30分51秒のときに，◐は黄色から赤に変わり，午前7時30分54秒のときに◍は赤から青に変わるとわかる。

したがって，◍は，午前7時30分54秒＋20秒＋5秒＝午前7時31分19秒に，黄色から赤に変わるから，午前7時31分30秒は赤になって30－19＝11（秒後）である。また，◐は，午前7時30分51秒＋31秒＝午前7時31分22秒に，赤から青に変わるから，午前7時31分30秒は青になって30－22＝8（秒後）である。

このときに®をバスが通過しているから，◐の青は4秒間延長され，◐の色は右表のように変化するとわかる。

秒	30		41		46			
◍	赤	→	→	→	→	→	→	…
◐	青	青	黄	→	黄赤	赤	→	…

(時刻は午前7時31分台)

よって，◐が赤になった3秒後に◍が青になるから，求める時刻は，午前7時31分46秒＋3秒＝午前7時31分49秒である。

《解答例》

問1　(1)②，④，⑤　　(2)最も共感した回答はAです。その理由は、勉強をすると可能性が広がるという考えに共感したからです。わたしは，将来，医者になりたいと思っているので，その仕事や人体の仕組みについて勉強したいです。まずは，図書館の本やインターネットなどを利用して調べることから始め，大学では，医学部に入って経験を積みたいです。

問2　(1)8　　(2)白…72　オレンジ…198

問3　(1)②，③，⑤　　(2)ア．4.5　イ．13.5

問4　(1)2，4　　(2)57

《解　説》

問1

(1)　①ここに書かれていることは，回答Cの内容である。　②回答Bの4～6行目に「大事なのは，その勉強が自分にとって好きかきらいかと，その勉強が自分あるいは社会にとって必要かどうかを分けて考えてみることだと思う」とあるので，適する。　③ここに書かれていることは，回答Aの内容である。　④回答Aの最後に「勉強をすることで君の可能性は広がって，君はどんどん自由になることができるんだ」とあるので，適する。　⑤回答Bの後ろから4～6行目に「だって，いま，学校に通っているだれがどんな仕事につくかわからないんだから。社会としては，こういう重要な基本的知識は全員の子どもに教える必要があるわけだ」とあるので，適する。　⑥回答Cの5～6行目に「知らないことを知ったり，わからないことを考えたりすることは，ほんとうはすごく楽しいことなんだ」とあるので，適さない。

(2)　字数が少ないので，書きたいことを簡潔にまとめて書く。「その回答を選んだ理由」は，回答のどの部分に共感したかをはっきりと示した方が書きやすい。また，「何をどのような方法で勉強したい」かは，「自分の考えを具体的に書きましょう」という条件がついていることに注意する。

問2

(1)　5年生は最後と決まるから，1番めから4番めの順番を考える。

1年生は1番め以外だから2番めから4番めのどれか，5年生が最後で2年生と連続しないから，2年生は1番めから3番めのどれかである。また，3年生と4年生は連続しないから，3年生と4年生の順番の組み合わせは，1番めと3番め，1番めと4番め，2番めと4番めの3つある。

したがって，3年生と4年生を☆年生とすると，1番めから4番めの順番は右表のようになる。☆に入る数の順番は，それぞれ左から，3，4となる場合と4，3となる場合の2通りずつあるから，求める順番は4×2＝8（通り）あるとわかる。

1番め	2番め	3番め	4番め
☆年生	2年生	☆年生	1年生
☆年生	1年生	2年生	☆年生
☆年生	2年生	1年生	☆年生
2年生	☆年生	1年生	☆年生

(2)　2m＝200cmだから，アーチの長さは，200×3.14÷2＝314(cm)となり，花を付けるはん囲の長さは，314－40×2＝234(cm)である。したがって，アーチ1本に付ける花は，234÷13＝18(個)である。

白のお花紙は，3本めと5本めのアーチに付ける花の1～2枚めで使うから，（2×18）×2＝72(枚)必要となる。

オレンジのお花紙は，1本めと4本めと7本めのアーチに付ける花の1～2枚めと，2本めのアーチに付ける花の3～7枚めで使うから，（2×18）×3＋5×18＝198(枚)必要となる。

問3

(1) ①について，タカ狩りは「人間が訓練したタカを使ってウサギなどの野生動物をつかまえる方法」だから，あてはまらない。②について，「タカのとがった口ばし，するどいつめは，動いているウサギなどのえものをつかまえるために発達した」から，あてはまる。③について，すき間の幅が 1.5 mm のままで，きょりを 4 m とすると，視力は 1.0 より低く判定されるから，きょり 4 m で視力が 1.0 と判定されるとき，すき間の幅は 1.5 mm よりせまくなり，あてはまる。④について，きょり 5 m で視力が 0.3 と判定されるとき，すき間の幅は，$1.5 \div 0.3 = 5$（mm）となるので，あてはまらない。⑤について，〔図2〕の輪の太さは 1.5 mm で，これをきょり 10 m で見てすき間がわかれば視力は 2.0 と判定されるから，あてはまる。

(2)ア　すき間の幅が等しいとき，視力はきょりに比例し，きょりが等しいとき，視力はすき間の幅に反比例する。したがって，すき間の幅が 1.5 mm のままで，きょり 120 m から見てすき間の位置がわかると，視力は $120 \div 5 = 24$ と判定される。きょり 120 m で，視力 8.0 と判定されるとき，$8 \div 24 = \dfrac{1}{3}$ より，すき間の幅は 1.5 mm の3倍だから，求めるすき間の幅は $1.5 \times 3 = 4.5$（mm）である。

イ　すき間の幅が〔図2〕の3倍だから，輪の太さは $1.5 \times 3 = 4.5$（mm），大きい円の直径は $7.5 \times 3 = 22.5$（mm）である。小さい円の直径は，大きい円の直径から，輪の太さの2倍を引いた長さだから，$22.5 - 4.5 \times 2 = 13.5$（mm）である。

問4

(1) 並べた 12 個の石を左から順に，①②③④⑤⑥⑦⑧⑨⑩⑪⑫とする。

⑪と⑫がともに白であるときと，⑪が白で⑫が黒であるときの，点数の合計の差は1点で，⑫が黒だと⑫の点数は5点だから，⑫が白だと⑫の点数は6点とわかる。したがって，⑦から⑩までは白，⑥は黒とわかる。

⑪と⑫がともに白であるとき，⑥から⑫までの点数の合計は，$5 + 1 + 2 + 3 + 4 + 5 + 6 = 26$（点）だから，①から⑤までの点数の合計は，$28 - 26 = 2$（点）である。5個の石で2点となるのは，2個の石が1点，3個の石が0点のときだから，石の並びは，●○●○●となる。よって，2番めと4番めに白を並べた。

(2) 並べ方の⑦でひっくり返す石は，2の倍数の石で，並べ方の㉔でひっくり返す石は3の倍数の石である。したがって，それぞれの石をひっくり返す回数は，石に書かれた数の2以上10以下の約数の個数と等しい。また，ひっくり返す回数が奇数（きすう）のとき，その石の上面が黒となる。よって，1から20までの数について，まとめると右表のようになるから，求める数は，

$2 + 3 + 5 + 6 + 7 + 8 + 10 + 16 = 57$ である。

数	約数	約数の個数	色	数	約数	約数の個数	色
1	-	0	白	11	-	0	白
2	2	1	黒	12	2，3，4，6	4	白
3	3	1	黒	13	-	0	白
4	2，4	2	白	14	2，7	2	白
5	5	1	黒	15	3，5	2	白
6	2，3，6	3	黒	16	2，4，8	3	黒
7	7	1	黒	17	-	0	白
8	2，4，8	3	黒	18	2，3，6，9	4	白
9	3，9	2	白	19	-	0	白
10	2，5，10	3	黒	20	2，4，5，10	4	白

※グループ活動による検査の解答は収録していません。

━《解答例》━━━━━━━━━━━━━━━━━━━━━━━━━━━━━━━━━━━

問1　(1)②，③　　(2)土の中にたくさんのすき間があり，たくさんの水をたくわえる

問2　(1)6ページ…⑥　18ページ…②

　　(2)ア．7　イ．16　ウ．6　エ．17

問3　(1)④　　(2)③

問4　(1)①，④，⑥

　　(2)自動車1台を25000ドルで売った場合，その金額を日本のお金にすると，1ドル120円のときには3000000円になるが，円高ドル安になり，1ドル100円のときには2500000円になる。このように，日本のお金にしたときの金額が減るので，円高ドル安になると日本の会社の利益が減る。

《解　説》━━━━━━━━━━━━━━━━━━━━━━━━━━━━━━━━━━━

問1

(1)①　〔資料3〕の「1本の…スギの木は，1年で14キログラムの二酸化炭素を吸いこんでくれる」より，あてはまらない。　　②　〔会話文〕の「人口は…全国で2番目に多い」と〔資料4〕の土地利用の様子のグラフより，あてはまる。　　③　〔会話文〕の「全国47都道府県の中で土地の面積が5番目に小さく」より，あてはまる。

④　〔資料1〕に「神奈川県の森林の面積は，年々少なくなって」とあるから，あてはまらない。

⑤　〔資料1〕の「県では…手入れをする手伝いをしています」より，あてはまらない。

(2)　〔原こう〕の□□□後の「こう水や水不足を防ぐ働きがあり，水源や自然かんきょうを守る『緑のダム』と言われています」が，〔資料3〕の「洪水や水不足を防ぐ『緑のダム』になる」に対応していることに着目すれば，その直前の「土の中にたくさんのすき間があってスポンジみたいにたくさんの水をたくわえてくれる」を導き出せる。「25字以上30字以内」という条件を見逃さないようにしたい。

問2

(1)　「体育祭」と「文化祭」は同じページ数ずつ連続してのせるので，「文化祭」は9，10ページか13，14ページである。「部活動紹介（運動部）」と「部活動紹介（文化部）」は合わせて$24×\frac{1}{3}=8$（ページ）あり，「運動部」と「文化部」のページ数の割合は3：1である。「部活動紹介」の全体と「文化部」のページ数の割合は(3＋1)：1＝4：1だから，「文化部」のページ数は$8×\frac{1}{4}=2$（ページ），「運動部」のページ数は8－2＝6（ページ）である。「文化祭」のページを13，14ページにすると，「運動部」と「体育祭」は連続するから，「運動部」は5～10ページに決まるが，「年間行事」「運動部」「体育祭」で3＋6＋2＝11（ページ）となり，前半に入れなくてはならない「学習」が入らない。したがって，「体育祭」の前に「文化祭」，後ろに「運動部」をのせればよいとわかる。

よって，ページの順にまとめると内容は右表にようになるから，6ページは⑥，18ページは②である。

内容	ページ
① 年間行事	1～3
⑥ 学習	4～6
③ 部活動紹介（文化部）	7～8
⑤ 文化祭	9～10
④ 体育祭	11～12
② 部活動紹介（運動部）	13～18
⑦ 上級生からのアドバイス	19～24

(2) このパンフレットのページの配置は本のページについての問題でよく出るものであり，1枚の紙の片面に配置される2つのページ番号の和がすべて等しくなる。

この問題では，内容の24ページの他に「表紙」「まえがき」「目次」「裏表紙」の4ページがあり，1枚の紙には4ページが配置されるから，(24＋4)÷4＝7より，白紙になるページはないとわかる。一番下の紙には「表紙」「まえがき」「24ページ」「裏表紙」が配置されるから，下から2枚目の紙には「目次」「1ページ」「22ページ」「23ページ」が配置される。「目次」を「0ページ」と考えると，1枚の紙の片面に配置される2つのページ番号の和はすべて23になるとわかる。下から2枚目の紙の3枚上が下から5枚目の紙だから，ウは0＋2×3＝6（ページ）である。

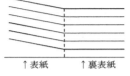
↑表紙　　↑裏表紙

よって，アは7ページ，イは23－7＝16（ページ），エは17ページである。

紙のたばを横から見た図とすべてのページをまとめた表は右のようになり，枚数が少ないのですべてかけば答えを求められるが，ページ数が多い問題の場合でも解けるように計算で求める方法を身につけよう。

下から		ページ数	
7枚目	上	11	12
	下	10	13
6枚目	上	9	14
	下	8	15
5枚目	上	7	16
	下	6	17
4枚目	上	5	18
	下	4	19
3枚目	上	3	20
	下	2	21
2枚目	上	1	22
	下	目次	23
1枚目	上	まえがき	24
	下	表紙	裏表紙

問3

(1) ⒶとⒷをつなぐと，①～⑤のどの回路でも⑦の明かりはつき，①と⑦の明かりはつかない。ⒷとⒸをつなぐと，②と⑤では①の明かりだけしかつかないので，②と⑤はまちがっている。ⒶとⒸをつなぐと，①，③，④のすべてで実験結果と同じになる。ⒷとⒹをつなぐと，①ではすべての豆電球の明かりがつき，③では⑦の明かりだけしかつかないので，①と③はまちがっている。したがって，④が正答となる。

(2) 図の①～⑥の豆電球の明かりはすべてついている。①，②，④，⑤では，図の状態から1階のスイッチを切りかえても豆電球の明かりは消えないので，まちがっている。⑥では，図の状態から2階のスイッチを切りかえても豆電球の明かりは消えないので，まちがっている。したがって，③が正答となる。

問4

(1)① 〔資料1〕より，横浜港の輸出額の合計から輸入額の合計を引いた額は，68847－37999＝30848（億円）＝3兆848億円なので，あてはまる。　　②　〔資料1〕より，全国の貿易額では，輸出額の合計（70兆358億円）より輸入額の合計（66兆420億円）の方が少なくなっているので，あてはまらない。　　③　〔資料1〕より，横浜港の輸出額の合計（68847億円）は，全国の輸出額の合計の1割（70358×0.1＝70358（億円））を下回っているので，あてはまらない。　　④　〔資料2〕より，横浜港のアメリカ合衆国との輸出額と輸入額の差は，11753－4119＝7634（億円）となり6000億円を上回っているので，あてはまる。　　⑤　〔資料2〕より，横浜港のEUへの輸出額（6312億円）は，アメリカ合衆国への輸出額の半分（11753÷2＝5876.5億円）以上なので，あてはまらない。　　⑥　〔資料2〕より，横浜港の中国との輸出額（1兆2697億円），輸入額（1兆1516億円）は，それぞれアメリカ合衆国との輸出額（1兆1753億円），輸入額（4119億円）を上回っているので，あてはまる。

(2) 〔会話文〕で先生が「1ドルと交かんできる金額が，120円から100円になるような場合を，円高ドル安になると言います」と言っていることに着目しよう。25000ドルの自動車を買う場合，1ドル＝120円のときは120×25000＝3000000（円）に，1ドル＝100円のときは100×25000＝2500000（円）になるので，日本のお金にしたときの金額が500000円分減るので，円高ドル安になると輸入品を扱う日本の会社の利益が減るとわかる。

《解答例》

問1 (1)④，⑤

(2)日本がかかえる問題は，生産年れい人口の減少による人材不足です。ＡＩやロボットが人を支えんし，業務効率を向上させることで，この問題に対応できる可能性があります。わたしは，ＡＩのプログラミングについて学びたいと思います。それは将来，プログラマーになり，人の仕事を支えんするためのＡＩを開発したいからです。

問2 (1)③，⑤

(2)

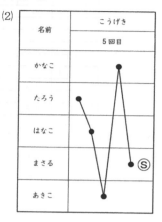

問3 (1)ア．135　イ．30　(2)ア．下グラフ　イ．66.7

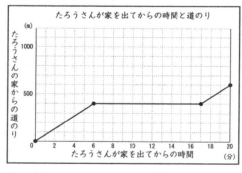

問4 (1)

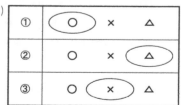

(2)C．420　あ27

《解 説》

問1

(1) ①.「人間にしかできないと思われていた，さまざまな作業が次々と（AIによって）実現」し，「既存の職業~代替の可能性が高まると予想されて」はいるが，「現在のところ，人間の知能と同等の仕組みを実現する技術は存在していません」「現在の技術ではコストや機能の面で，AIやロボットによって人の業務を完全に代替することは困難です」と述べているので，「人間のすべての仕事を」は適さない。　②.「たとえば視覚情報からコーヒーカップといすを識別すること」がAIによって実現したとは書かれているが，「初めて開発されたときから」とは書かれていないので，適さない。　③.「日本は世界でも類を見ないスピードで少子高れい化が進展~単に人口が減少するだけでなく，『生産年れい人口』が大幅に減少する~世界の中でも，日本はこうした課題にいち早く直面する先進国」だと述べているので，「ゆるやかな方である」は適さない。　④.「子どもが経験から学んでいくような知的活動を『子どものAI』と呼んでいます」「現在，『子どものAI』が利用可能となり」と述べていることに適する。

⑤.「『生産年れい人口』は生産活動に従事しうる15~64歳の人口」なので，〔資料2〕の「15~64歳人口」の項目を見ると，7728万人から6875万人に減少する（－853万人）と予測されているので，適する。

(2) 〔資料1〕で述べている「日本の課題または問題」は，「日本では~『生産年れい人口』が大幅に減少する」こと，つまり，生産活動ができる人の数が足りなくなること。それを解決する可能性について，「AIやロボットが活用できつつあります。その結果，日本がかかえる人材不足の問題を，業務の効率化によって対応できる可能性も高まっています」「AIやロボットによって~人を支えんすることにより業務効率を向上できる可能性は今後ますます拡大するでしょう」と述べている。この内容をまとめて，作文の前半に書こう。後半は，「具体的にどのようなことを，どのような理由で」という指定があることに注意する。指定字数が多くないので，すべての条件を満たしてまとめるには，後半にたくさんの内容を盛りこむことはできない。一番言いたいことにしぼり，表現をくふうして簡潔に書こう。

問2

(1) 〔特別ルール〕にもとづいてより高い得点をとるために生徒が行うプレイが，先生が生徒にしてほしいプレイである。①は，シュートの回数を増やしても得点が多くなるわけではないからあてはまらない。②は，長くボールを持っても得点が多くなるわけではないからあてはまらない。③は，同じ人だけではなく複数の人がシュートを入れた方が得点が高くなるため，あてはまる。④は，こうげきの時間が長くても得点が多くなるわけではないからあてはまらない。⑤は，1回のこうげきでこうげき側のチーム全員がボールを持ち，シュートが成功した場合は5点が追加されるので，あてはまる。よって，③と⑤があてはまる。

(2) 4回目のこうげきまでで，たろうさんのチームでシュートに成功したのは2人だから，得点は5×2＝10（点）である。逆転して勝つためには，5回目のこうげきで全員がボールを持ちシュートに成功して，さらに5点をもらう必要があるから，かなこさんは5回目のこうげきでまだボールを持っていないまさるさんにパスをすればよい。まさるさんはこれまでのこうげきでシュートを入れていないので，シュートが入れば合計10＋5＋5＝20（点）となり，逆転できる。

問3

(1)ア　表中の，15分以上30分未満，30分以上60分未満，60分以上90分未満の「公共の交通機関を利用」の欄の合計人数を求めればよい。よって，求める人数は，4＋9＋2＋86＋1＋32＋1＝135(人)

イ　徒歩のみで通学していた生徒のうち，自転車通学に変えるのは，通学時間が15分未満である10人の生徒のうち8割にあたる10×0.8＝8(人)と，通学時間が15分以上の生徒全員だから，全部で8＋6＋2＝16(人)である。公共の交通機関を使って通学していた生徒のうち，自転車通学に変えるのは，通学時間が30分未満の2＋4＋9＝15(人)の生徒のうち6割にあたる15×0.6＝9(人)と，通学時間が30分以上の5人だから，全部で9＋5＝14(人)である。よって，求める人数は，16＋14＝30(人)

(2)ア　家を出たときを表す点は(0分，0m)である。1歩の長さが0.5mなので，たろうさんは家を出てから6分間で0.5×800＝400(m)進むから，(6分，400m)に点をうつ。この地点で11分間かなこさんと話をしたので，たろうさんが再び歩き始めるのは家を出てから6＋11＝17(分後)だから，(17分，400m)に点をうつ。6分で800歩だから，400歩では$6×\frac{400}{800}＝3$(分)かかり，400歩で0.5×400＝200(m)進むから，中等教育学校に着いたのは家を出てから17＋3＝20(分後)，家から中等教育学校の道のりは400＋200＝600(m)とわかるので，(20分，600m)に点をうつ。これらの4つの点を順に直線で結べばよい。

イ　アで太郎さんは400mを3分で進んだので，分速(400÷3)m＝分速66.66…mである。よって，小数第二位で四捨五入すると，求める速さは，分速66.7m

問4

(1)①　支点から作用点の距離が等しい⑦，⑦，⑦では，支点から力点の距離が長い順に⑦，⑦，⑦となり，力点に加える力が小さい順に⑦，⑦，⑦となるので，正しいことが確認できる。　②　支点から力点の距離が等しいものがないので，実験1の結果からでは，確認できない。　③　支点から力点の距離が，支点から作用点の距離より長いのは⑦，⑦，⑦で，その差が大きい順に⑦(25㎝)，⑦(20㎝)，⑦(5㎝)となり，力点に加える力が小さい順に⑦，⑦，⑦となるので，まちがっていることが確認できる。

(2)　①と②の結果より，おもりA1個とつり合うのはおもりB3個またはおもりC1個なので，おもりB3個とおもりC1個の重さが同じであることがわかる。おもりB1個の重さは140gなので，おもりC1個の重さは140×3＝420(g)である。また，③で，支点の左のおもりの重さはおもりA1個の280g，支点の右のおもりの重さはおもりA1個とおもりC1個の280＋420＝700(g)である。おもりの重さの比は，支点の左：支点の右＝280：700＝2：5になるので，(おもりの重さ)×(支点からの距離)の値が等しくなることから，支点からの距離の比はおもりの重さの比の逆で，支点の左：支点の右＝5：2＝2.5：1になると考えられる。つまり，支点から左のおもりAまでの距離はあの長さの2.5倍であり，あの長さの2.5＋1＝3.5(倍)が94.5㎝になることがわかるので，あの長さは94.5÷3.5＝27(㎝)である。

■ ご使用にあたってのお願い・ご注意

（1）問題文等の非掲載

　著作権上の都合により，問題文や図表などの一部を掲載できない場合があります。

　誠に申し訳ございませんが，ご了承くださいますようお願いいたします。

（2）過去問における時事性

　過去問題集は，学習指導要領の改訂や社会状況の変化，新たな発見などにより，現在とは異なる表記や解説になっている場合があります。過去問の特性上，出題当時のままで出版していますので，あらかじめご了承ください。

（3）配点

　学校等から配点が公表されている場合は，記載しています。公表されていない場合は，記載していません。

　独自の予想配点は，出題者の意図と異なる場合があり，お客様が学習するうえで誤った判断をしてしまう恐れがあるため記載していません。

（4）無断複製等の禁止

　購入された個人のお客様が，ご家庭でご自身またはご家族の学習のためにコピーをすることは可能ですが，それ以外の目的でコピー，スキャン，転載（ブログ，ＳＮＳなどでの公開を含みます）などをすることは法律により禁止されています。学校や学習塾などで，児童生徒のためにコピーをして使用することも法律により禁止されています。

　ご不明な点や，違法な疑いのある行為を確認された場合は，弊社までご連絡ください。

（5）けがに注意

　この問題集は針を外して使用します。針を外すときは，けがをしないように注意してください。また，表紙カバーや問題用紙の端で手指を傷つけないように十分注意してください。

（6）正誤

　制作には万全を期しておりますが，万が一誤りなどがございましたら，弊社までご連絡ください。

　なお，誤りが判明した場合は，弊社ウェブサイトの「ご購入者様のページ」に掲載しておりますので，そちらもご確認ください。

■ お問い合わせ

　解答例，解説，印刷，製本など，問題集発行におけるすべての責任は弊社にあります。

　ご不明な点がございましたら，弊社ウェブサイトの「お問い合わせ」フォームよりご連絡ください。迅速に対応いたしますが，営業日の都合で回答に数日を要する場合があります。

　ご入力いただいたメールアドレス宛に自動返信メールをお送りしています。自動返信メールが届かない場合は，「よくある質問」の「メールの問い合わせに対し返信がありません。」の項目をご確認ください。

　また弊社営業日（平日）は，午前9時から午後5時まで，電話でのお問い合わせも受け付けています。

2025 春

株式会社教英出版
〒422-8054　静岡県静岡市駿河区南安倍3丁目12-28
TEL　054-288-2131　　FAX　054-288-2133
URL　https://kyoei-syuppan.net/
MAIL　siteform@kyoei-syuppan.net

教英出版の中学受験対策

中学受験面接の基本がここに！
知っておくべき面接試問の要領

面接試験に，落ち着いて自信をもってのぞむためには，あらかじめ十分な準備をしておく必要があります。面接の心得や，受験生と保護者それぞれへの試問例など，面接対策に必要な知識を1冊にまとめました。

- 面接の形式や評価のポイント，マナー，当日までの準備など，面接の基本をていねいに指南「面接はこわくない！」
- 書き込み式なので，質問例に対する自分の答えを整理して本番直前まで使える
- ウェブサイトで質問音声による面接のシミュレーションができる

定価：**770**円（本体700円＋税）

入試テクニックシリーズ

必修編

基本をおさえて実力アップ！
1冊で入試の全範囲を学べる！
基礎力養成に最適！

こんな受験生には必修編がおすすめ！

- 入試レベルの問題を解きたい
- 学校の勉強とのちがいを知りたい
- 入試問題を解く基礎力を固めたい

定価：**1,100**円（本体1,000＋税）

発展編

応用力強化で合格をつかむ！
有名私立中の問題で
最適な解き方を学べる！

こんな受験生には発展編がおすすめ！

- もっと難しい問題を解きたい
- 難関中学校をめざしている
- 子どもに難問の解法を教えたい

定価：**1,760**円（本体1,600＋税）

絶賛販売中！

詳しくは教英出版で検索

| 教英出版 | 検索 |

URL https://kyoei-syuppan.net/

教英出版の**親子で取りくむシリーズ**

公立中高一貫校とは？適性検査とは？
受検を考えはじめた親子のための
最初の1冊！

「概要編」では公立中高一貫校の仕組みや適性検査の特徴をわかりやすく説明し，「例題編」では実際の適性検査の中から，よく出題されるパターンの問題を厳選して紹介しています。実際の問題紙面も掲載しているので受検を身近に感じることができます。

- ● 公立中高一貫校を知ろう！
- ● 適性検査を知ろう！
- ● 教科的な問題〈適性検査ってこんな感じ〉
- ● 実技的な問題〈さらにはこんな問題も！〉
- ● おさえておきたいキーワード

定価：**1,078**円（本体980＋税）

適性検査の作文問題にも対応！
「書けない」を「書けた！」に
導く合格レッスン

「実力養成レッスン」では，作文の技術や素材の見つけ方，書き方や教え方を対話形式でわかりやすく解説。実際の入試作文をもとに，とり外して使える解答用紙に書き込んでレッスンをします。赤ペンの添削例や，「添削チェックシート」を参考にすれば，お子さんが書いた作文をていねいに添削することができます。

- ● レッスン1 作文の基本と，書くための準備
- ● レッスン2 さまざまなテーマの入試作文
- ● レッスン3 長文の内容をふまえて書く入試作文
- ● 実力だめし！入試作文
- ● 別冊「添削チェックシート・解答用紙」付き

定価：**1,155**円（本体1,050＋税）

絶賛販売中！

 詳しくは教英出版で検索

| 教英出版 | 検索 |

URL https://kyoei-syuppan.net/

教英出版　2025年春受験用　中学入試問題集

学 校 別 問 題 集
★はカラー問題対応

北　海　道
①[市立]札幌開成中等教育学校
②藤　女　子　中　学　校
③北　嶺　中　学　校
④北 星 学 園 女 子 中 学 校
⑤札 幌 大 谷 中 学 校
⑥札 幌 光 星 中 学 校
⑦立 命 館 慶 祥 中 学 校
⑧函 館 ラ・サール 中 学 校

青　森　県
①[県立]三本木高等学校附属中学校

岩　手　県
①[県立]一関第一高等学校附属中学校

宮　城　県
①[県立]宮城県古川黎明中学校
②[県立]宮城県仙台二華中学校
③[市立]仙台青陵中等教育学校
④東 北 学 院 中 学 校
⑤仙 台 白 百 合 学 園 中 学 校
⑥聖ウルスラ学院英智中学校
⑦宮 城 学 院 中 学 校
⑧秀　光　中　学　校
⑨古 川 学 園 中 学 校

秋　田　県
①[県立]{ 大館国際情報学院中学校
秋田南高等学校中等部
横手清陵学院中学校

山　形　県
①[県立]{ 東 桜 学 館 中 学 校
致 道 館 中 学 校

福　島　県
①[県立]{ 会 津 学 鳳 中 学 校
ふたば未来学園中学校

茨　城　県
①[県立]{ 日立第一高等学校附属中学校
太田第一高等学校附属中学校
水戸第一高等学校附属中学校
鉾田第一高等学校附属中学校
鹿島高等学校附属中学校
土浦第一高等学校附属中学校
竜ヶ崎第一高等学校附属中学校
下館第一高等学校附属中学校
下妻第一高等学校附属中学校
水海道第一高等学校附属中学校
勝 田 中 等 教 育 学 校
並 木 中 等 教 育 学 校
古 河 中 等 教 育 学 校

栃　木　県
①[県立]{ 宇都宮東高等学校附属中学校
佐野高等学校附属中学校
矢板東高等学校附属中学校

群　馬　県
①{ [県立]中 央 中 等 教 育 学 校
[市立]四ツ葉学園中等教育学校
[市立]太 田 中 学 校

埼　玉　県
①[県立]伊 奈 学 園 中 学 校
②[市立]浦 和 中 学 校
③[市立]大宮国際中等教育学校
④[市立]川口市立高等学校附属中学校

千　葉　県
①[県立]{ 千 葉 中 学 校
東 葛 飾 中 学 校
②[市立]稲毛国際中等教育学校

東　京　都
①[国立]筑波大学附属駒場中学校
②[都立]白鷗高等学校附属中学校
③[都立]桜修館中等教育学校
④[都立]小石川中等教育学校
⑤[都立]両国高等学校附属中学校
⑥[都立]立川国際中等教育学校
⑦[都立]武蔵高等学校附属中学校
⑧[都立]大泉高等学校附属中学校
⑨[都立]富士高等学校附属中学校
⑩[都立]三 鷹 中 等 教 育 学 校
⑪[都立]南 多 摩 中 等 教 育 学 校
⑫[区立]九 段 中 等 教 育 学 校
⑬開　成　中　学　校
⑭麻　布　中　学　校
⑮桜　蔭　中　学　校
⑯女 子 学 院 中 学 校
★⑰豊 島 岡 女 子 学 園 中 学 校
⑱東京都市大学等々力中学校
⑲世 田 谷 学 園 中 学 校
★⑳広尾学園中学校（第2回）
★㉑広尾学園中学校（医進・サイエンス回）
㉒渋谷教育学園渋谷中学校（第1回）
㉓渋谷教育学園渋谷中学校（第2回）
㉔東京農業大学第一高等学校中等部
（2月1日 午後）
㉕東京農業大学第一高等学校中等部
（2月2日 午後）

神 奈 川 県

①[県立]　相模原中等教育学校
　　　　平塚中等教育学校
②[市立]　南高等学校附属中学校
③[市立]　横浜サイエンスフロンティア高等学校附属中学校
④[市立]　川崎高等学校附属中学校
★⑤聖 光 学 院 中 学 校
★⑥浅 野 中 学 校
⑦洗 足 学 園 中 学 校
⑧法 政 大 学 第 二 中 学 校
⑨逗子開成中学校（1次）
⑩逗子開成中学校（2・3次）
⑪神奈川大学附属中学校（第1回）
⑫神奈川大学附属中学校（第2・3回）
⑬栄 光 学 園 中 学 校
⑭フ ェ リ ス 女 学 院 中 学 校

新 潟 県

①[県立]　村上中等教育学校
　　　　柏崎翔洋中等教育学校
　　　　燕中等教育学校
　　　　津南中等教育学校
　　　　直江津中等教育学校
　　　　佐渡中等教育学校
②[市立]　高志中等教育学校
③新 潟 第 一 中 学 校
④新 潟 明 訓 中 学 校

石 川 県

①[県立]　金 沢 錦 丘 中 学 校
②星 稜 中 学 校

福 井 県

①[県立]　高 志 中 学 校

山 梨 県

①山 梨 英 和 中 学 校
②山 梨 学 院 中 学 校
③駿 台 甲 府 中 学 校

長 野 県

①[県立]　屋代高等学校附属中学校
　　　　諏訪清陵高等学校附属中学校
②[市立]　長 野 中 学 校

岐 阜 県

①岐 阜 東 中 学 校
②鶯 谷 中 学 校
③岐阜聖徳学園大学附属中学校

静 岡 県

①[国立]　静岡大学教育学部附属中学校
　　　　（静岡・島田・浜松）
②　　　　[県立]清水南高等学校中等部
　　　　[県立]浜松西高等学校中等部
　　　　[市立]沼津高等学校中等部
③不二聖心女子学院中学校
④日 本 大 学 三 島 中 学 校
⑤加 藤 学 園 暁 秀 中 学 校
⑥星 陵 中 学 校
⑦東海大学付属静岡翔洋高等学校中等部
⑧静 岡 サ レ ジ オ 中 学 校
⑨静 岡 英 和 女 学 院 中 学 校
⑩静 岡 雙 葉 中 学 校
⑪静 岡 聖 光 学 院 中 学 校
⑫静 岡 学 園 中 学 校
⑬静 岡 大 成 中 学 校
⑭城 南 静 岡 中 学 校
⑮静 岡 北 中 学 校
⑯　　　　常葉大学附属常葉中学校
　　　　常葉大学附属橘中学校
　　　　常葉大学附属菊川中学校
⑰藤 枝 明 誠 中 学 校
⑱浜 松 開 誠 館 中 学 校
⑲静岡県西遠女子学園中学校
⑳浜 松 日 体 中 学 校
㉑浜 松 学 芸 中 学 校

愛 知 県

①[国立]　愛知教育大学附属名古屋中学校
②愛 知 淑 徳 中 学 校
③　　　　名古屋経済大学市邨中学校
　　　　名古屋経済大学高蔵中学校
④金 城 学 院 中 学 校
⑤椙 山 女 学 園 中 学 校
⑥東 海 中 学 校
⑦南 山 中 学 校 男 子 部
⑧南 山 中 学 校 女 子 部
⑨聖 霊 中 学 校
⑩滝 中 学 校
⑪名 古 屋 中 学 校
⑫大 成 中 学 校

愛 知 県

⑬愛 知 中 学 校
⑭星 城 中 学 校
⑮名 古 屋 葵 大 学 中 学 校
　　　　（名古屋女子大学中学校）
⑯愛知工業大学名電中学校
⑰海陽中等教育学校（特別給費生）
⑱海陽中等教育学校（Ⅰ・Ⅱ）
⑲中 部 大 学 春 日 丘 中 学 校
新刊⑳名 古 屋 国 際 中 学 校

三 重 県

①[国立]　三重大学教育学部附属中学校
②暁 中 学 校
③海 星 中 学 校
④四日市メリノール学院中学校
⑤高 田 中 学 校
⑥セントヨゼフ女子学園中学校
⑦三 重 中 学 校
⑧皇 學 館 中 学 校
⑨鈴 鹿 中 等 教 育 学 校
⑩津 田 学 園 中 学 校

滋 賀 県

①[国立]　滋賀大学教育学部附属中学校
②[県立]　河 瀬 中 学 校
　　　　守 山 中 学 校
　　　　水 口 東 中 学 校

京 都 府

①[国立]　京都教育大学附属桃山中学校
②[府立]　洛北高等学校附属中学校
③[府立]　園部高等学校附属中学校
④[府立]　福知山高等学校附属中学校
⑤[府立]　南陽高等学校附属中学校
⑥[市立]　西京高等学校附属中学校
⑦同 志 社 中 学 校
⑧洛 星 中 学 校
⑨洛南高等学校附属中学校
⑩立 命 館 中 学 校
⑪同 志 社 国 際 中 学 校
⑫同志社女子中学校（前期日程）
⑬同志社女子中学校（後期日程）

大 阪 府

①[国立]　大阪教育大学附属天王寺中学校
②[国立]　大阪教育大学附属平野中学校
③[国立]　大阪教育大学附属池田中学校

④[府立]富田林中学校
⑤[府立]咲くやこの花中学校
⑥[府立]水都国際中学校
⑦清風中学校
⑧高槻中学校（Ａ日程）
⑨高槻中学校（Ｂ日程）
⑩明星中学校
⑪大阪女学院中学校
⑫大谷中学校
⑬四天王寺中学校
⑭帝塚山学院中学校
⑮大阪国際中学校
⑯大阪桐蔭中学校
⑰開明中学校
⑱関西大学第一中学校
⑲近畿大学附属中学校
⑳金蘭千里中学校
㉑金光八尾中学校
㉒清風南海中学校
㉓帝塚山学院泉ヶ丘中学校
㉔同志社香里中学校
㉕初芝立命館中学校
㉖関西大学中等部
㉗大阪星光学院中学校

兵 庫 県
①[国立]神戸大学附属中等教育学校
②[県立]兵庫県立大学附属中学校
③雲雀丘学園中学校
④関西学院中学部
⑤神戸女学院中学部
⑥甲陽学院中学校
⑦甲南中学校
⑧甲南女子中学校
⑨灘中学校
⑩親和中学校
⑪神戸海星女子学院中学校
⑫滝川中学校
⑬啓明学院中学校
⑭三田学園中学校
⑮淳心学院中学校
⑯仁川学院中学校
⑰六甲学院中学校
⑱須磨学園中学校（第1回入試）
⑲須磨学園中学校（第2回入試）
⑳須磨学園中学校（第3回入試）
㉑白陵中学校

㉒夙川中学校

奈 良 県
①[国立]奈良女子大学附属中等教育学校
②[国立]奈良教育大学附属中学校
③[県立]{国際中学校
青翔中学校
④[市立]一条高等学校附属中学校
⑤帝塚山中学校
⑥東大寺学園中学校
⑦奈良学園中学校
⑧西大和学園中学校

和 歌 山 県
①[県立]{古佐田丘中学校
向陽中学校
桐蔭中学校
日高高等学校附属中学校
田辺中学校
②智辯学園和歌山中学校
③近畿大学附属和歌山中学校
④開智中学校

岡 山 県
①[県立]岡山操山中学校
②[県立]倉敷天城中学校
③[県立]岡山大安寺中等教育学校
④[県立]津山中学校
⑤岡山中学校
⑥清心中学校
⑦岡山白陵中学校
⑧金光学園中学校
⑨就実中学校
⑩岡山理科大学附属中学校
⑪山陽学園中学校

広 島 県
①[国立]広島大学附属中学校
②[国立]広島大学附属福山中学校
③[県立]広島中学校
④[県立]三次中学校
⑤[県立]広島叡智学園中学校
⑥[市立]広島中等教育学校
⑦[市立]福山中学校
⑧広島学院中学校
⑨広島女学院中学校
⑩修道中学校

⑪崇徳中学校
⑫比治山女子中学校
⑬福山暁の星女子中学校
⑭安田女子中学校
⑮広島なぎさ中学校
⑯広島城北中学校
⑰近畿大学附属広島中学校福山校
⑱盈進中学校
⑲如水館中学校
⑳ノートルダム清心中学校
㉑銀河学院中学校
㉒近畿大学附属広島中学校東広島校
㉓ＡＩＣＪ中学校
㉔広島国際学院中学校
㉕広島修道大学ひろしま協創中学校

山 口 県
①[県立]{下関中等教育学校
高森みどり中学校
②野田学園中学校

徳 島 県
①[県立]{富岡東中学校
川島中学校
城ノ内中等教育学校
②徳島文理中学校

香 川 県
①大手前丸亀中学校
②香川誠陵中学校

愛 媛 県
①[県立]{今治東中等教育学校
松山西中等教育学校
②愛光中学校
③済美平成中等教育学校
④新田青雲中等教育学校

高 知 県
①[県立]{安芸中学校
高知国際中学校
中村中学校

※もっと過去問シリーズは
国語の収録はありません。

K 教英出版

〒422-8054
静岡県静岡市駿河区南安倍3丁目12-28
TEL 054-288-2131
FAX 054-288-2133
詳しくは教英出版で検索

教英出版　　検索

URL https://kyoei-syuppan.net/

令和6年度

神奈川県立中等教育学校入学者決定検査

適 性 検 査 Ⅰ

（４５分）

―――――――― 注　　意 ――――――――

１　「はじめ」の合図があるまで，この検査用紙を開いてはいけません。

２　問題は 問5 まであり，1ページから9ページに印刷されています。

３　問題と 解答用紙 の注意事項をよく読んで，答えはすべて 解答用紙 の決められた欄に書きましょう。解答欄の外に書かれていることは採点しません。マーク欄をぬって答える場合は，選んだ番号の ◯ の中をぬりつぶします。

４　解答用紙 には，表と裏の両面に氏名と受検番号を書きましょう。

５　字数の指定がある問題は，指定された字数や条件を守り，ていねいな文字で書きましょう。次の〔例〕のように，横書きで，最初のマスから書き始めます。段落をかえたり，マスの間をあけたりしないで書きます。文字や数字は1マスに1字ずつ書き，文の終わりには句点〔。〕を書きます。句読点〔。，〕やかっこなども1字に数え，1マスに1字ずつ書きます。

〔例〕

１	２	月	の	詩	の	テ	ー	マ	は
，	「	冬	の	朝	」	だ	っ	た	。

６　計算などをするときは，解答用紙 ではなく，この検査用紙のあいているところを使いましょう。

７　「やめ」の合図があったら，途中でも書くのをやめ，筆記用具を机の上に置きましょう。

　たろうさんたちは，道路で見つけた標示をもとに，調べたことについて話しています。次の〔会話文〕を読んで，あとの（１），（２）の各問いに答えましょう。

〔会話文〕

たろう	「校外学習で相模野基線中間点と書いてある〔標示〕を見つけました。」
かなこ	「中間点を示していることは〔標示〕を見てわかりましたが，相模野基線が何かわからなかったので，２人で調べました。」
たろう	「調べたところ，相模野基線は，〔標石１〕の中心と〔標石２〕の中心を結んだ直線だということがわかり，〔調べたこと１〕としてまとめました。」
かなこ	「次に，5209.9697ｍという長さを今から100年以上前に，どうやって測ったのかを知りたくなったので，〔調べたこと２〕としてまとめました。」

〔標示〕

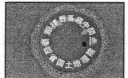

〔標石１〕

中心

〔標石２〕

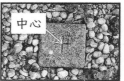

中心

〔調べたこと１〕

　相模野基線とは，相模原市にある〔標石１〕の中心と座間市にある〔標石２〕の中心を結んだ直線です。1882年にこの基線の長さを測り，長さが5209.9697ｍであることがわかりました。そして，この長さをもとにして，日本全土の正確な地図が作成されました。〔標示〕，〔標石１〕，〔標石２〕の位置関係は，〔地図〕にかきこんで，示しました。

〔地図〕

〔標石１〕
市の境界
相模原市
大和市
〔標示〕
座間市　〔標石２〕

〔調べたこと２〕

　長さを測るときの目印とするため，〔標石１〕と〔標石２〕の真上に，それぞれ〔やぐら〕が建てられました。あわせて，相模野基線上とその周辺の木や草が取り除かれたので，この２つの〔やぐら〕は，相模野基線上のどの地点からでも見えました。長さを測るときは，〔部品〕を組み合わせた〔装置〕を，〔装置の使い方〕のように使いました。〔装置〕で測った長さをもとに計算した結果，相模野基線の長さが5209.9697ｍだとわかりました。

〔やぐら〕

標石

〔部品〕

○　鉄製で長さ４ｍのものさし　←４ｍ→

○　ものさしより少し短い木箱　▭

○　三きゃく　⋀

〔装置〕

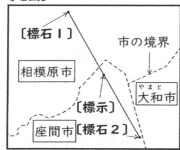

ものさしを，その両はしが少し出るようにして木箱へ入れ，三きゃくで支える。	横から見たとき　←４ｍ→
	上から見たとき　←４ｍ→

〔装置の使い方〕 標石あと標石いの中心を結んだ直線の長さを測るときの例

3個の〔装置〕A，B，Cを用意して，次の $\boxed{1}$ ～ $\boxed{4}$ のように使います。$\boxed{1}$，$\boxed{2}$，$\boxed{4}$ の図は，上から見たときの様子を表しています。

$\boxed{1}$ 標石あの中心に〔装置〕Aのものさしのはしを合わせます。また，このあとの $\boxed{2}$ ～ $\boxed{4}$ も含め，3個の〔装置〕は，上から見たときも，横から見たときも3個が一直線になるようにつなげ，次の図のように，すべての〔装置〕が標石あといの中心を結んだ直線の上にくるよう設置します。

標石あ→ ┌─12ｍ─┐ A B C　標石あといの中心を結んだ直線　□◄標石い

$\boxed{2}$ 標石あに最も近い〔装置〕を，標石いに最も近い〔装置〕のとなりに移動させます。このとき，標石あに最も近い〔装置〕以外は動かしません。また，このような〔装置〕の移動を，〔装置〕を1回動かした，として数えます。$\boxed{1}$ の図の状態から，〔装置〕を1回動かすと，次の図のようになります。

標石あ→□ ┌─12ｍ─┐ B C A　　　　　□◄標石い

$\boxed{3}$ 〔装置〕のものさしが標石いの中心に達するまで，$\boxed{2}$ と同じように，標石あに最も近い〔装置〕を標石いに最も近い〔装置〕のとなりに移動させるということをくり返します。

$\boxed{4}$ 次の図のように，標石いの中心に〔装置〕のものさしが達したら，くわしく調べて長さを決めます。例えば，〔装置〕を10回動かしたときに，標石いの中心に〔装置〕のものさしのはしが達したとすると，標石あといの中心を結んだ直線の長さは，52ｍちょうどであることがわかります。

標石あ→□ 　　　　　　　　　┌─12ｍ─┐ ◄標石い

（1）〔会話文〕，〔調べたこと1〕，〔調べたこと2〕の内容としてあてはまるものを次の①～⑤の中からすべて選び，その番号を書きましょう。

① 1882年に測られた〔標石1〕から〔標示〕までの長さは，5209.9697ｍである。
② たろうさんたちが校外学習で見つけた〔標示〕は，座間市にある。
③ 相模野基線の長さをもとにして，日本全土の正確な地図が作成された。
④ 相模野基線の長さを測るとき，〔標石1〕と〔標石2〕の真上にそれぞれ建てた〔やぐら〕を目印とした。
⑤ 〔部品〕のものさしの長さは，4ｍより少し短い。

（2）たろうさんたちは，〔装置の使い方〕で，〔装置〕を125回動かしたときに，標石いの中心に〔装置〕のものさしのはしが達したとすると，標石あといの中心を結んだ直線の長さは何ｍちょうどであるかを考えました。このとき，標石あといの中心を結んだ直線の長さは何ｍちょうどであるか，書きましょう。

　　　かなこさんたちは，算数の授業で，直方体と立方体の箱をどのように積み上げるかについて話しています。次の〔会話文１〕，〔会話文２〕を読んで，あとの（１），（２）の各問いに答えましょう。

〔会話文１〕

かなこ	「〔表１〕の箱を４人で分け合い，〔ルール〕に従って，〔積み上げた高さ〕が最も高くなるように積み上げるときについて考えましょう。」
たろう	「〔積み上げた高さ〕を考えるために，〔表１〕の14個の箱を積み上げてできる，高さが最も高い直方体を考えるのはどうですか。この直方体の高さは　あ　cmなので，　あ　cmを４等分した　い　cmを，最も高くなるように積み上げるときの〔積み上げた高さ〕として考えます。」
ひかり	「なるほど。あとは，〔ルール〕に従って，〔積み上げた高さ〕が４人とも　い　cmとなるように箱を積み上げられるのかを考えればよいですね。」
じろう	「〔積み上げた高さ〕が４人とも　い　cmとなるように積み上げることはできます。このとき，１番多く箱を使う人は，箱を　う　個使います。」
かなこ	「そうですね。考えたとおりになるか，箱を積み上げて確かめましょう。」

〔表１〕箱（合計14個）

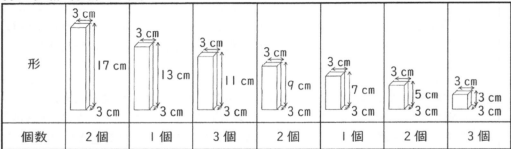

形							
個数	2個	1個	3個	2個	1個	2個	3個

〔ルール〕

○　４人が４か所に分かれて，それぞれの場所で箱を積み上げる。
○　箱は，いずれかの面を下にして１個ずつ置き，積み上げる。箱を置くときは〔例１〕のように置き，〔例２〕のように斜めに置いてはいけない。
○　最初に箱を置いたあとは，直前に置いた箱の上に箱を置き，積み上げる。
○　〔積み上げた高さ〕が４人とも同じとなるように箱を積み上げる。
○　14個の箱はすべて使い，全員が積み上げ終えたときに，余っていてはいけない。
○　使う箱の個数は，４人それぞれ違っていても構わない。
○　自分が積み上げた箱と，他の人が積み上げた箱が，ふれないようにする。

〔例１〕　〔例２〕　〔積み上げた高さ〕　　　　　　　　〔例３〕

１番下に置いた箱の下の面から，１番上に置いた箱の上の面までの長さのこと。〔例３〕のように積み上げたときは，９cmとなる。

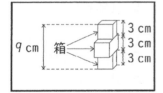

【道

〔会話文２〕

たろう　「次は，〔表２〕の箱を４人で分け合い，箱を積み上げます。」
かなこ　「〔ルール〕に従って，〔積み上げた高さ〕が最も低くなるように積み上げるときと，最も高くなるように積み上げるときについて，考えましょう。」
じろう　「そうすると，〔積み上げた高さ〕が４人とも　え　cmとなるように積み上げるときが，最も低くなるように積み上げるときですね。」
ひかり　「また，〔積み上げた高さ〕が４人とも　お　cmとなるように積み上げるときが，最も高くなるように積み上げるときです。」
たろう　「それでは，実際に箱を積み上げ，考えたことが正しいか確かめましょう。」

〔表２〕箱（合計14個）

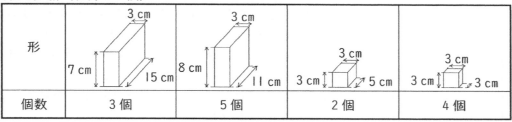

形				
個数	3個	5個	2個	4個

（１）次の**ア**，**イ**の各問いに答えましょう。

ア　〔会話文１〕の　あ　，　い　のうち，　い　にあてはまる数を，次の①〜⑦の中から１つ選び，その番号を答えましょう。

①　26　　②　27　　③　28　　④　29　　⑤　30　　⑥　31　　⑦　32

イ　〔会話文１〕の　う　にあてはまる数を，次の①〜⑧の中から１つ選び，その番号を答えましょう。

①　1　　②　2　　③　3　　④　4　　⑤　5　　⑥　6　　⑦　7　　⑧　8

（２）次の**ア**，**イ**の各問いに答えましょう。

ア　〔会話文２〕の　え　にあてはまる数を，次の①〜⑦の中から１つ選び，その番号を答えましょう。

①　12　　②　13　　③　14　　④　15　　⑤　16　　⑥　17　　⑦　18

イ　〔会話文２〕の　お　にあてはまる数を，次の①〜⑦の中から１つ選び，その番号を答えましょう。

①　25　　②　26　　③　27　　④　28　　⑤　29　　⑥　30　　⑦　31

問3 たろうさんたちは，家庭科の授業で，たんぱく質を含む食品について話しています。次の〔**会話文**〕を読んで，あとの（１），（２）の各問いに答えましょう。

〔**会話文**〕

たろう	「栄養素は，エネルギーになる，体をつくる，体の調子を整えるという働きをすることを学習しました。また，たんぱく質は栄養素の１つで，この３つの働きのうち，主に体をつくる働きをすることも学習しました。」
かなこ	「そこで，たんぱく質を多く含む食品と，その食品に含まれるたんぱく質の割合を調べ，〔**表１**〕にしました。」
じろう	「学習した日の給食１食分には，〔**表１**〕にあるぶた肉が30ｇ，大豆が35ｇ含まれていることも確認しました。」
ひかり	「ぶた肉30ｇと大豆35ｇに含まれるたんぱく質の量を合わせると，１人が１日に必要とするたんぱく質の量の何％になるかも求めましたね。」
たろう	「はい。そのために，１人が１日に必要とするたんぱく質の量を調べました。わたしたちの年齢では55ｇから60ｇが目安でした。」
かなこ	「〔**表１**〕の４つの食品については，どれも生産するのに水が必要なので，生産に必要な水の量を調べ，〔**表２**〕にしました。」
じろう	「〔**表２**〕の牛肉，ぶた肉，とり肉の生産に必要な水の量には，餌となるとうもろこしなどの穀物の生産に必要な水の量も含んでいるので，牛肉，ぶた肉，とり肉の生産に必要な穀物の量も調べ，〔**表３**〕にしました。」
ひかり	「次に，１人が１日に必要とするたんぱく質の量を60ｇとし，その量を含む食品の量について考えました。」
たろう	「〔**表１**〕の割合を使い，たんぱく質60ｇを含む牛肉，ぶた肉，とり肉，大豆の量を，それぞれ求めました。」
かなこ	「求めたところ，牛肉は300ｇ，ぶた肉は286ｇ，とり肉は353ｇ，大豆は あ ｇでした。ぶた肉，とり肉の量は，小数第１位を切り上げて求めた量です。」
じろう	「続いて，牛肉300ｇ，ぶた肉286ｇ，とり肉353ｇ，大豆 あ ｇの生産に必要な水の量をそれぞれ求めました。」
ひかり	「求めた結果，牛肉300ｇの生産には い Ｌ，ぶた肉286ｇの生産には1687.4Ｌ，とり肉353ｇの生産には1588.5Ｌ，大豆 あ ｇの生産には う Ｌの水が必要であることがわかりました。」
たろう	「１人が１日に必要とするたんぱく質の量をもとにして考えたので，必要な食品の量やその食品の生産に必要な水の量を実感できましたね。」

〔**表１**〕たんぱく質を多く含む食品と，その食品に含まれるたんぱく質の割合

食品名	牛肉	ぶた肉	とり肉	大豆
たんぱく質の割合（％）	20	21	17	15

（文部科学省「日本食品標準成分表（八訂）増補2023年」より作成）

令和6年度

神奈川県立中等教育学校入学者決定検査

適 性 検 査 Ⅱ

（45分）

問1 　　かなこさんとたろうさんは，国語の授業で学習したローマ字について話しています。次の〔会話文〕を読んで，あとの（１），（２）の各問いに答えましょう。

〔会話文〕

> かなこ 「国語の授業で，ローマ字について学習しましたね。」
> たろう 「『ち』や『つ』のように，２つの書き表し方を学んだ文字もありました。」
> かなこ 「〔資料１〕を読んで，『ち』をtiと書き表すのが訓令式，chiと書き表すのがヘボン式ということがわかりました。」
> たろう 「〔資料２〕を読み，さらに訓令式とヘボン式のことがわかりました。」
> かなこ 「そうですね。また，〔資料３〕を読んで，ヘボン式のローマ字表記についての理解が深まりました。」

〔資料１〕

> 　学校で習うように，ローマ字には１つの音に２つの書き方があるものがあります。例えば，「ち」は「ti」と「chi」，「つ」は「tu」と「tsu」とそれぞれ２とおりの書き方ができます。「ti」「tu」のように子音（k・s・tなど）と母音（a・i・u・e・o）の組み合わせが規則的なほうを訓令式，「chi」「tsu」のほうをヘボン式といいます。
> 　「訓令式」と「ヘボン式」は，どちらで書いても正しいですが，駅の名前や地名などは，英語の表記により近いヘボン式で書かれていることが多いです。ただ，ローマ字入力では，「ち」と打ちたいときに「chi」より「ti」のほうが，キーをおす回数が少なくてすみます。

　　　　　　　　　（『楽しいローマ字』田中博史監修より　※一部表記を改めたところがある。）

〔資料２〕

> 　主なローマ字表記の伝統的な形式は主に２つあり，それぞれ訓令式とヘボン式と呼ばれています。（中略）
> 　訓令式は日本語のかなと英語の文字とが，より注1)厳密な一対一対応になっています。たとえば，た，ち，つ，て，と，という「た行」の音は，ta, ti, tu, te, toのように，すべてtの文字で表されており，日本語の注2)母語注3)話者にとって覚えやすくなっています。一方，日本語を知らない英語話者にとっては，ヘボン式のローマ字表記（ta, chi, tsu, te, to）のほうが，実際の音を正確に推測しやすいのです。「ちかてつ」という言葉が訓令式でtikatetuと表記された場合，大抵の英語話者はすべてのtの音を英語の"t"のように発音してしまい，「ち」や「つ」の音を再現できません。

（『日本語のローマ字表記の推奨形式』東京大学教養学部英語部会／教養教育開発機構より

　　　　　　　　　　　　　　　　　　　　　　　※一部表記を改めたところがある。）

注1)厳密：細かなところまでよく注意して，行き届いている様子。
注2)母語：最初に自然に身に付けた言語のこと。
注3)話者：話す人のこと。

〔資料３〕

注1)日本式，訓令式のローマ字の書き方では「hi」「hu」と子音が共通しているが，ヘボン式では「hi」「fu」となって子音が共通しません。（中略）

ちょっと脱線気味になりますが，日本式，訓令式は日本語がわかっている人が考えたものなんですね。だから，そのローマ字をみて，「ふうん。こう発音すればいいのかな」と考えるわけではないのです。それに対して，ヘボン式は，ジェームス・カーティス・ヘボンが『和英語林集成』という和英辞書の，明治19（1886）年に出版された第３版で使われていた「方式」で，アメリカ人であるヘボンが，その注2)つづりから日本語の発音が導き出せるように工夫したものです。アメリカ人ということは言い換えれば，英語を使う人ということです。

（『学校では教えてくれないゆかいな日本語』今野真二著より　※一部表記を改めたところがある。）

注1)日本式：ここでは，日本式ローマ字のこと。日本の学者が考案したもので，訓令式のローマ字表記は日本式のローマ字表記をもとにつくられた。

注2)つづり：文字の並びのこと。

（１）〔資料１〕～〔資料３〕から読み取れる内容として，あてはまるものを次の①～⑤の中からすべて選び，その番号を書きましょう。

①　「つ」の訓令式のローマ字表記である「tu」は，「t」が母音で，「u」が子音である。

②　「ち」をローマ字で書くとき，「ti」と「chi」のどちらで書いても正しい。

③　訓令式のローマ字表記と比べると，ヘボン式のローマ字表記は，日本語のかなと英語の文字とが，より厳密な一対一対応になっている。

④　訓令式のローマ字表記だと，「た行」の音は，ta, ti, tu, te, toのように，すべてtの文字で表されている。

⑤　訓令式のローマ字表記は，日本語がわかっている人が考えたものである。

（２）ヘボン式のローマ字表記は，どの言語の表記に近い表記ですか。また，どのように工夫したことで，誰にとって，何をしやすい表記となっていますか。〔資料１〕～〔資料３〕の内容をふまえ，70字以上90字以内で書きましょう。

たろうさんとかなこさんは，畑で育てる野菜について話し合っています。次の〔会話文〕を読んで，あとの（1），（2）の各問いに答えましょう。

〔会話文〕

たろう	「〔栽培計画〕に従って，〔表1〕の野菜を育てることにしましたね。」
かなこ	「はい。1年間で〔表1〕の8つの野菜をすべて育てます。」
たろう	「これから，〔注意点〕をふまえて，どの野菜を，どちらの期間に，どの区画で育てるか，それぞれ案を考えましょう。」
かなこ	「わたしは，カブを育てた区画で あ を， い を育てた区画でダイコンを， う を育てた区画でネギを， え を育てた区画でニンジンを育てる案を考えています。」
たろう	「なるほど。野菜の組み合わせを先に考えたのですね。その組み合わせは，〔注意点〕をふまえているので，どの区画で育ててもよいですね。」
かなこ	「はい。このあと，組み合わせた野菜をAからDのどの区画で育てるかを考えます。たろうさんは，どのように案を考えていますか。」
たろう	「わたしは，各区画で前期に育てる野菜を考えてから，後期に育てる野菜を考え，案にします。前期に育てる野菜を〔表2〕のように考えたので，このあと，〔表2〕の後期の欄に，どの野菜をあてはめるかを考えます。」
かなこ	「そうすると， お 通りの案が考えられますね。」
たろう	「そうです。 お 通りの案の中から1つ選びたいと思います。」

〔栽培計画〕

○ 4月～3月の1年間を，前期（4月～9月）と後期（10月～3月）の2つの期間に分け，それぞれの期間内に野菜を育て，収穫する。
○ 野菜を育てる〔畑〕は，〔分け方〕に従って4つの区画に分ける。
○ 前期と後期のどちらも，〔畑〕の1つの区画で育てる野菜は1つとする。

〔畑〕

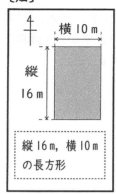

縦16m，横10mの長方形

〔分け方〕

○ 4つの区画に分けるために，〔畑〕の中に幅1mの通路を2つつくる。1つの通路は〔畑〕の縦の辺と平行に，もう1つの通路は〔畑〕の横の辺と平行になるようにつくる。
○ 4つの区画の形はすべて長方形とし，正方形にはしない。
○ 4つの区画の縦の長さと横の長さは，1m，2m，3m，…のように，1mごとの長さとなるようにする。
○ 4つの区画のうち，北西の位置にある区画をA，北東の位置にある区画をB，南西の位置にある区画をC，南東の位置にある区画をDとする。
○ 4つの区画に分けるときは，Aの面積が1番小さく，Bの面積が2番め，Cの面積が3番め，Dの面積が4番めに小さくなるように分ける。

〔表１〕野菜と育てられる期間

野菜	育てられる期間
キュウリ	前期のみ
カブ，キャベツ，ジャガイモ，ダイコン，ニンジン	前期または後期
タマネギ，ネギ	後期のみ

〔注意点〕

病気などを防ぐため，次のことに注意する。
○ 前期にキュウリを育てた区画で，後期にダイコン，ニンジンは育てない。
○ 前期にカブを育てた区画で，後期にキャベツ，ダイコンは育てない。
○ 前期にキャベツを育てた区画で，後期にカブ，ダイコンは育てない。
○ 前期にダイコンを育てた区画で，後期にカブ，キャベツは育てない。

〔表２〕

区画	育てる野菜	
	前期	後期
A	ジャガイモ	
B	キュウリ	
C	カブ	
D	ニンジン	

（１）〔畑〕を〔分け方〕に従って分けるとき，次のア，イの各問いに答えましょう。

ア　Aの縦の長さと横の長さが，それぞれ最も短くなるように分けると，Bの面積は何m²になるか，次の①〜⑥の中から１つ選び，その番号を答えましょう。

① 7 m²　　② 8 m²　　③ 10 m²　　④ 12 m²　　⑤ 14 m²　　⑥ 16 m²

イ　Aの面積とDの面積の差が最も小さくなるように分けると，その差は何m²になるか，次の①〜⑥の中から１つ選び，その番号を答えましょう。

① 12 m²　　② 21 m²　　③ 27 m²　　④ 30 m²　　⑤ 36 m²　　⑥ 42 m²

（２）次のア，イの各問いに答えましょう。

ア　〔会話文〕の あ 〜 え のうち， え にあてはまる野菜を，次の①〜④の中から１つ選び，その番号を答えましょう。

① キュウリ　　　② キャベツ　　　③ ジャガイモ　　　④ タマネギ

イ　〔会話文〕の お にあてはまる数を，次の①〜⑦の中から１つ選び，その番号を答えましょう。

① 4　　② 6　　③ 8　　④ 10　　⑤ 12　　⑥ 16　　⑦ 18

-4-

かなこさんたちは，学年で行う球技大会について話し合っています。次の〔会話文１〕，〔会話文２〕を読んで，あとの（１），（２）の各問いに答えましょう。

〔会話文１〕

かなこ	「球技大会は，１組から６組の全員が参加して行います。」
たろう	「球技大会で行うサッカー，バスケットボール，ドッジボールの３種目のうち，わたしたちは，サッカーの実行委員となりましたね。」
ひかり	「はい。かなこさんは１組，たろうさんは２組，わたしは３組，じろうさんは４組，こころさんは５組，あらたさんは６組の実行委員です。」
じろう	「サッカーは各組から１チームずつ参加します。どのように優勝チームを決めたらよいでしょうか。」
こころ	「６チームを１つのグループにした〔リーグ戦〕にすると全体で15試合行う必要があるし，〔トーナメント戦〕にすると試合の数は少なくなりますが，いくつかのチームは１試合しかできませんね。」
あらた	「そうですね。それと，〔トーナメント戦〕は，〔図〕の ア から カ に配置するチームをどのように決めるか，考えなければいけません。」
かなこ	「それなら，〔メモ〕のように，〔リーグ戦〕を行って〔図〕の ア から カ にチームを配置してから，〔トーナメント戦〕を行うのはどうですか。」
たろう	「なるほど。かなこさんの考え方だと，行われる試合の数は全体で あ 試合ですね。６チームを１つのグループにした〔リーグ戦〕にするより試合の数は少なくなるし，１試合しかできないチームもありません。」
ひかり	「いいですね。かなこさんの考え方で優勝チームを決めましょう。」

〔リーグ戦〕

　同じグループの，どのチームとも１回ずつ試合を行い，１試合ごとに試合結果に応じたポイントを獲得できる。すべての試合が終わったときに，各チームが獲得したポイントの合計を比べて順位を決める。

〔トーナメント戦〕

　〔図〕のトーナメント表を用いて，次の①〜⑤の順で試合を行い，決勝で勝ったチームを優勝とする。また，必ず勝敗を決め，負けたチームはそのあとの試合が無い。

〔図〕

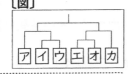

　　① １回戦第１試合　 イ に配置されたチーム 対 ウ に配置されたチーム
　　② １回戦第２試合　 エ に配置されたチーム 対 オ に配置されたチーム
　　③ 準決勝第１試合　 ア に配置されたチーム 対 ① の勝利チーム
　　④ 準決勝第２試合　 ② の勝利チーム 対 カ に配置されたチーム
　　⑤ 決勝　　　　　　 ③ の勝利チーム 対 ④ の勝利チーム
　　※ どの試合も必ず，トーナメント表の左に配置されたチーム 対 トーナメント表の右に配置されたチームの順で書き表し，この順で伝えることとする。

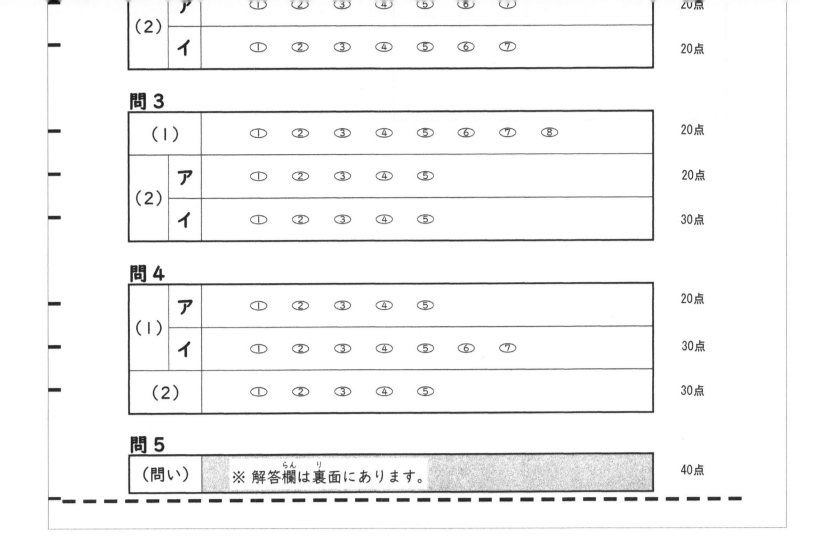

問3

(1)		① ② ③ ④ ⑤ ⑥ ⑦ ⑧	20点
(2)	ア	① ② ③ ④ ⑤	20点
	イ	① ② ③ ④ ⑤	30点

問4

(1)	ア	① ② ③ ④ ⑤	20点
	イ	① ② ③ ④ ⑤ ⑥ ⑦	30点
(2)		① ② ③ ④ ⑤	30点

問5

(問い)	※ 解答欄は裏面にあります。	40点

70

80

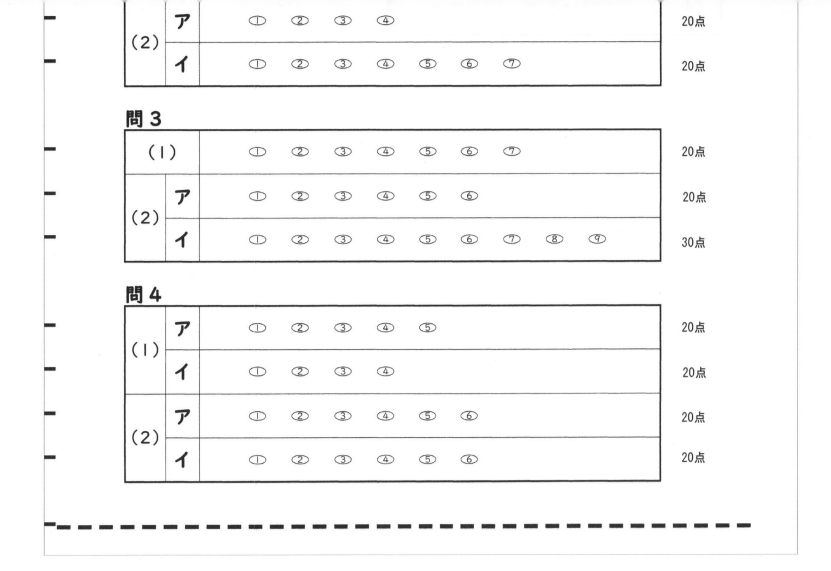

		①	②	③	④				20点
（2）	ア	①	②	③	④				20点
	イ	①	②	③	④	⑤	⑥	⑦	20点

問3

		①	②	③	④	⑤	⑥	⑦			20点
（1）											
（2）	ア	①	②	③	④	⑤	⑥				20点
	イ	①	②	③	④	⑤	⑥	⑦	⑧	⑨	30点

問4

		①	②	③	④	⑤	⑥	20点
（1）	ア	①	②	③	④	⑤		20点
	イ	①	②	③	④			20点
（2）	ア	①	②	③	④	⑤	⑥	20点
	イ	①	②	③	④	⑤	⑥	20点

90

問 1 （1）

問 1 （2）

※表紙の——**注　意**——の 5 をよく読んで書きましょう。
　なお，この問題は，ひらがなやカタカナのみで書いてはいけません。

適性検査Ⅱ　解答用紙 （令和6年度）

※300点満点

氏名	

注意事項

1　HBまたはBのえんぴつ（シャープペンシルも可）を使用して，
　○ の中をぬりつぶすこと。

2　答えを直すときは，きれいに消して，消しくずを残さないこと。

3　数字や文字などを記述して解答する場合は，解答欄からはみ出
　さないように，はっきり書き入れること。

4　解答用紙 をよごしたり，折り曲げたりしないこと。

良い例	悪い例			
●	◯ 線	⊙ 小さい	✖ はみ出し	
	◯ 丸囲み	✓ レ点	● うすい	

受検番号

⓪	⓪	⓪	⓪	⓪
①	①	①	①	①
②	②	②	②	②
③	③	③	③	③
④	④	④	④	④
⑤	⑤	⑤	⑤	⑤
⑥	⑥	⑥	⑥	⑥
⑦	⑦	⑦	⑦	⑦
⑧	⑧	⑧	⑧	⑧
⑨	⑨	⑨	⑨	⑨

問1

(1)	※ 解答欄は裏面にあります。	30点
(2)	※ 解答欄は裏面にあります。	40点

問2

(1)	ア	①　②　③　④　⑤　⑥	20点

氏 名		受検番号				

問1 (1)

問1 (2)

mちょうどである。

問5 （問い）

※表紙の――注　意――の5をよく読んで書きましょう。
　なお，この問題は，ひらがなやカタカナのみで書いてはいけません。

適性検査 I　解答用紙　（令和6年度）

※300点満点

氏名	

注意事項

1　HBまたはBのえんぴつ（シャープペンシルも可）を使用して、◯ の中をぬりつぶすこと。

2　答えを直すときは、きれいに消して、消しくずを残さないこと。

3　数字や文字などを記述して解答する場合は、解答欄からはみ出さないように、はっきり書き入れること。

4　解答用紙をよごしたり、折り曲げたりしないこと。

良い例	悪い例		
●	◯線	⊙小さい	はみ出し
	◯丸囲み	✓レ点	うすい

受検番号

⓪	⓪	⓪	⓪	⓪
①	①	①	①	①
②	②	②	②	②
③	③	③	③	③
④	④	④	④	④
⑤	⑤	⑤	⑤	⑤
⑥	⑥	⑥	⑥	⑥
⑦	⑦	⑦	⑦	⑦
⑧	⑧	⑧	⑧	⑧
⑨	⑨	⑨	⑨	⑨

問 1

（1）	※ 解答欄は裏面にあります。	20点
（2）	※ 解答欄は裏面にあります。	20点

問 2

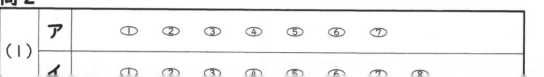

（1）	ア	① ② ③ ④ ⑤ ⑥ ⑦	10点
	イ	① ② ③ ④ ⑤ ⑥ ⑦ ⑧	20点

〔メモ〕

○ ６チームを３チームずつ２つのグループに分け，一方をグループＡ，もう一
　方をグループＢとする。
○ どちらのグループも〔リーグ戦〕を行い，それぞれのグループでの順位に
　よって，〔トーナメント戦〕の〔図〕の <u>ア</u> から <u>カ</u> に配置するチームを決める。
○ 〔図〕の <u>ア</u> から <u>カ</u> には，次の順位のチームを配置する。

<u>ア</u> ⇒グループＡで１位のチーム	<u>イ</u> ⇒グループＢで２位のチーム
<u>ウ</u> ⇒グループＡで３位のチーム	<u>エ</u> ⇒グループＡで２位のチーム
<u>オ</u> ⇒グループＢで３位のチーム	<u>カ</u> ⇒グループＢで１位のチーム

〔会話文２〕

たろう 「球技大会が終わりましたね。サッカーの試合はどうでしたか。」
あらた 「６組は，〔トーナメント戦〕の１回戦第１試合に出場したので，みんな
　　　　とても緊張していました。」
ひかり 「３組と４組は，〔リーグ戦〕と〔トーナメント戦〕で試合をしましたね。」
じろう 「はい。４組より３組のほうが〔リーグ戦〕での順位は上でしたが，
　　　　〔トーナメント戦〕では，４組が勝利しました。」
こころ 「５組と２組が試合をしたのは，〔トーナメント戦〕だけでしたね。」
たろう 「そうでしたね。また，２組は〔リーグ戦〕で試合をした１組とも〔トー
　　　　ナメント戦〕で試合をしました。」
かなこ 「１組は，その試合を含めた〔トーナメント戦〕の全試合で勝利しました。」

（１）〔会話文１〕の <u>あ</u> にあてはまる数を，次の①〜⑦の中から１つ選び，その番号
を答えましょう。

　① 8　　　② 9　　　③ 10　　　④ 11　　　⑤ 12　　　⑥ 13　　　⑦ 14

（２）球技大会で行われたサッカーについて，次のア，イの各問いに答えましょう。

　ア 〔リーグ戦〕を行った結果，グループＡで２位となったのは，どの組のチーム
　　か，次の①〜⑥の中から１つ選び，その番号を答えましょう。

　　① １組　　② ２組　　③ ３組　　④ ４組　　⑤ ５組　　⑥ ６組

　イ 〔トーナメント戦〕の準決勝第２試合は，次の①〜⑨のうち，どの試合か。あて
　　はまるものを①〜⑨の中から１つ選び，その番号を答えましょう。

　　① １組 対 ２組　　　　② １組 対 ５組　　　　③ ２組 対 １組
　　④ ２組 対 ４組　　　　⑤ ３組 対 ４組　　　　⑥ ３組 対 ６組
　　⑦ ４組 対 ３組　　　　⑧ ５組 対 １組　　　　⑨ ６組 対 ３組

- 6 -

　たろうさんとかなこさんは，文字や絵を数字に置き換える仕組みについて話しています。次の〔会話文〕を読んで，あとの（1），（2）の各問いに答えましょう。

〔会話文〕

たろう	「コンピュータには，文字や絵を数字に置き換える仕組みが使われています。その仕組みを簡単にしたものを調べたので，これから，縦6マス，横6マスで合計36マスの方眼紙のマスをいくつかぬって表した〔図〕の文字を，数字に置き換えていきましょう。」
かなこ	「〔図〕は，ひらがなの『か』を表したものですか。」
たろう	「そうです。■がぬったマス，□がぬっていないマスです。これから，〔図〕の1行めを〔置き換え方〕に従い，数字に置き換えます。まずは，〔置き換え方〕の⑧まで行います。そうすると，1行めは，左から010010という6個の数字のまとまりとなります。」
かなこ	「010010は，ⓒで〔圧縮〕すると，左から112111となりますね。」
たろう	「そのとおりです。最後にⒹで，112111に〔パリティ〕を付け，左から0112111としたら，1行めの置き換えは完了です。」
かなこ	「1行めは，6個の数字に置き換わりましたね。同じようにすれば，残りの行も，それぞれ何個の数字に置き換わるかがわかりますね。」
たろう	「はい。そして，それぞれの行を置き換えた数字の個数を合計すると，〔図〕の文字が何個の数字で表されるのか求められます。」
かなこ	「なるほど。そうすると，〔置き換え方〕に従って置き換えられた数字があれば，その数字をもとに文字や絵を作成することもできますよね。」
たろう	「できます。〔置き換え方〕に従い置き換えた〔表〕の数字をもとに，縦6マス，横6マスで合計36マスの方眼紙のマスをぬってみてください。」
かなこ	「わかりました。〔表〕の数字をもとに，方眼紙のマスをぬります。」

〔図〕

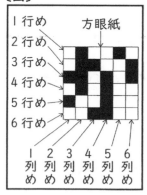

〔置き換え方〕縦6マス，横6マスの方眼紙のとき

○　〔図〕のように，方眼紙の行は上から下に向かって1行め，2行め，3行め，…とし，列は左から右に向かって1列め，2列め，3列め，…とします。

○　方眼紙の1行めから6行めそれぞれで，次のⒶ～Ⓓをこの順で行い，それぞれの行を数字に置き換えます。

Ⓐ　1～6列めのマスのうち，■のマスを1，□のマスを0で表します。

Ⓑ　1～6列めのマスを表す数字を，列と同じ順で並べ，6個の数字のまとまりにします。

Ⓒ　Ⓑの6個の数字のまとまりを〔圧縮〕して，新たなひとまとまりの数字にします。

Ⓓ　Ⓒの新たなひとまとまりの数字に〔パリティ〕を付けます。

〔圧縮〕

　まず，0が何個続くか，次に1が何個続くかを交互に数え，数字で表します。例えば〔置き換え方〕の⑧で100011とした6個の数字のまとまりは，左から見ると，まず0が0個，次に1が1個，さらに0が3個続き，1が2個続くので，左から0132と，4個の数字が並ぶ新たなひとまとまりの数字にします。

〔パリティ〕

　方眼紙のそれぞれの行の■のマスの個数が奇数なのか偶数なのかを表す数字です。その行の■のマスの個数が奇数であれば1を，偶数であれば0を，〔圧縮〕してできた新たなひとまとまりの数字の1番左に付けます。この数字は，コンピュータがまちがいをチェックするときに役立っています。

〔表〕

方眼紙の行	数字
1行め	1114
2行め	0042
3行め	1114
4行め	111121
5行め	1015
6行め	00123

（1）〔置き換え方〕について，次のア，イの各問いに答えましょう。

ア　⑧の6個の数字のまとまりが010100となるのは，〔図〕の何行めか，次の①〜⑤の中から1つ選び，その番号を答えましょう。

　　①　2行め　　②　3行め　　③　4行め　　④　5行め　　⑤　6行め

イ　⑧で110100とした6個の数字のまとまりに，ⒸとⒹを行うと，次の①〜④のどの数字に置き換わるか。あてはまるものを①〜④の中から1つ選び，その番号を答えましょう。

　　①　02112　　②　12112　　③　002112　　④　102112

（2）次のア，イの各問いに答えましょう。

ア　〔置き換え方〕に従い，〔図〕を数字に置き換えると，この〔図〕は合計何個の数字で表されるか，次の①〜⑥の中から1つ選び，その番号を答えましょう。

　　①　30個　　②　31個　　③　32個　　④　33個　　⑤　34個　　⑥　35個

イ　かなこさんは，〔表〕をもとに，縦6マス，横6マスで合計36マスの方眼紙のマスをぬり，各列の■のマスの個数を数えました。このとき，何列めの■のマスの個数が最も多かったか，次の①〜⑥の中から1つ選び，その番号を答えましょう。

　　①　1列め　　②　2列め　　③　3列め　　④　4列め　　⑤　5列め　　⑥　6列め

※問題は，これで終わりです。

このページには，問題は印刷されていません。

このページには，問題は印刷されていません。

【適

〔表2〕食品100gの生産に必要な水の量

食品名	牛肉	ぶた肉	とり肉	大豆
生産に必要な水の量（L）	2060	590	450	250

（環境省「仮想水計算機」より作成）

〔表3〕肉1kgの生産に必要な穀物の量

肉の種類	牛肉	ぶた肉	とり肉
生産に必要な穀物の量（kg）	11	5	3

（農林水産省「知ってる？日本の食料事情2022」より作成）

（１）〔会話文〕，〔表１〕～〔表３〕から読み取れる内容として，あてはまるものを次の
A～Eの中からすべて選ぶとき，その組み合わせとして適切なものを，あとの①～
⑧の中から１つ選び，その番号を答えましょう。

A　たんぱく質は，主に体の調子を整える働きをする。

B　ぶた肉170gに含まれるたんぱく質の量と，とり肉210gに含まれるたんぱく質
　の量は同じである。

C　とり肉10kgを生産するのに必要な水の量は，5000Lより少ない。

D　〔表2〕の牛肉，ぶた肉，とり肉の生産に必要な水の量は，餌となる穀物の生産
　に必要な水の量を含んでいる。

E　牛肉1kgの生産に必要な穀物の量は，とり肉1kgの生産に必要な穀物の量の4倍
　以上である。

①　A，B　　　　②　A，E　　　　③　B，C　　　　④　B，D
⑤　C，D　　　　⑥　A，C，D　　⑦　B，D，E　　⑧　C，D，E

（２）次のア，イの各問いに答えましょう。

ア　1人が1日に必要とするたんぱく質の量を55gとすると，ぶた肉30gに含まれる
　たんぱく質の量と大豆35gに含まれるたんぱく質の量を合わせた，たんぱく質の
　量は，1人が1日に必要とするたんぱく質の量の何％になるか，次の①～⑤の中か
　ら1つ選び，その番号を答えましょう。

①　12%　　　　②　21%　　　　③　33%　　　　④　54%　　　　⑤　64%

イ　〔会話文〕の あ ～ う のうち， い にあてはまる数は， う にあてはま
　る数の何倍となるか，次の①～⑤の中から1つ選び，その番号を答えましょう。

①　0.12倍　　②　0.16倍　　③　5.49倍　　④　6.18倍　　⑤　8.24倍

　　かなこさんとたろうさんは，カードを使ったゲームについて話しています。次の〔会話文〕を読んで，あとの（１），（２）の各問いに答えましょう。

〔会話文〕

かなこ	「わたしが考えた〔ゲーム〕を２人でしましたね。」
たろう	「はい。〔ゲーム〕は２回行い，１回めは解説してもらいながら行いました。」
かなこ	「解説のため，１回めは，わたし，たろうさんの順でひいた〔カード〕を，〔図〕の a から e の位置に，左から 1 2 3 4 5 の順で並べました。」
たろう	「そのあと，〔カードの取り方〕に従って，お互いに〔カード〕を２枚ずつ取ったら， あ の〔カード〕が取られずに残りました。また，わたしが取った〔カード〕に書かれていた数は い と う で，その和は え でした。」
かなこ	「そうでしたね。そのあと，得点と最終得点について解説をしました。」
たろう	「２回めの〔ゲーム〕では，わたし，かなこさんの順で，〔カード〕をひいて，並べました。最初にわたしが 4 をひき， お の位置に並べました。」
かなこ	「わたしが最初にひいたのは 5 で， e の位置に並べました。」
たろう	「その次に，わたしが 2 をひいて か の位置に並べ，そのあとかなこさんが 3 をひいて き の位置に並べましたね。」
かなこ	「最後は，たろうさんが 1 をひいて く の位置に並べ，５枚の〔カード〕を並べ終えました。」
たろう	「並べ終えたので，わたし，かなこさん，わたし，かなこさんの順で〔カード〕を取り，最終得点を求めたところ，わたしの勝ちとなりましたね。」

〔ゲーム〕

○　２人で次のⒶ〜Ⓓを順に行い，最終得点が多い方を勝ち，最終得点が同じときは，引き分けとするゲームです。

Ⓐ　２人のうちのどちらかが，５枚の〔カード〕を，書かれている数が見えないように重ねて置きます。

Ⓑ　Ⓐで置いた〔カード〕の１番上にある〔カード〕を１枚ひき，〔図〕の a 〜 e のいずれかの位置に，書かれている数が見えるようにして並べます。

　※　Ⓑは，自分と相手が１回ずつ交互に行い，Ⓐで置いた５枚の〔カード〕をすべて並べ終えるまで続けます。ただし，〔カード〕を並べることができる位置は，まだ〔カード〕が並べられていない位置のみとします。

Ⓒ　５枚の〔カード〕が並んだら，交互に〔カードの取り方〕に従って〔カード〕を取ります。〔カード〕は，Ⓑで〔カード〕を先にひいた人，あとでひいた人の順で１枚ずつ取ります。お互いに合計２枚ずつ〔カード〕を取ったら，取られずに残った１枚の〔カード〕は並べたままにします。

　　例　Ⓑで自分が先に〔カード〕をひいたときの〔カード〕を取る順

　　　　自分が１枚取る⇒相手が１枚取る⇒自分が１枚取る⇒相手が１枚取る

Ⓓ　Ⓒで取った２枚の〔カード〕に書かれている数の和を求め，得点とします。

【適

さらに，〔条件〕のどちらかにあてはまる場合は，残った〔カード〕に書かれている数を得点に加え，その和を最終得点とします。〔条件〕にあてはまらない場合は，ⓒで取った2枚の〔カード〕に書かれている数の和をそのまま最終得点とします。

例1 ③と④の〔カード〕を取り，残った〔カード〕が⑤のとき
　　　得点は7で，最終得点は12。このとき相手の得点は3で，最終得点は8。
例2 ①と⑤の〔カード〕を取り，残った〔カード〕が②のとき
　　　得点は6で，最終得点は8。このとき相手の得点は7で，最終得点も7。

〔カード〕
　　①②③④⑤　　　それぞれ1枚ずつあり，数は片面だけに書かれています。

〔図〕
　　左 a b c d e 右

〔カードの取り方〕
　　まず，1番左に並べられている〔カード〕を1番右に移動させます。次に，1番左に並べられている〔カード〕を取ります。
　　例　左から①②③④⑤の順で並んでいるときは，まず，①を⑤の右に移動させてから，②を取る。　①②③④⑤⇒ⓐ②③④⑤①⇒ⓐⓑ③④⑤①

〔条件〕
○　得点が奇数で，残った1枚の〔カード〕に書かれている数も奇数である。
○　得点が偶数で，残った1枚の〔カード〕に書かれている数も偶数である。

（1）次の**ア**，**イ**の各問いに答えましょう。

ア 〔会話文〕の **あ** にあてはまる〔カード〕を，次の①～⑤の中から1つ選び，その番号を答えましょう。

　　①　①　　　②　②　　　③　③　　　④　④　　　⑤　⑤

イ 〔会話文〕の **い** ～ **え** のうち，**え** にあてはまる数を，次の①～⑦の中から1つ選び，その番号を答えましょう。

　　①　3　　②　4　　③　5　　④　6　　⑤　7　　⑥　8　　⑦　9

（2）〔会話文〕の **お** ～ **く** に，たろうさんが〔ゲーム〕で勝ちとなるよう a ～ d をあてはめるとき，そのあてはめ方は何通りあるか，次の①～⑤の中から1つ選び，その番号を答えましょう。

　　①　1通り　　②　2通り　　③　3通り　　④　4通り　　⑤　6通り

-8-

　たろうさんたちは，児童会活動で取り組むことについて話し合っています。次の〔会話文〕を読んで，あとの（問い）に答えましょう。

〔会話文〕

たろう	「児童会活動で，全校児童集会に取り組むことになりましたね。」
かなこ	「全校児童集会は，すべての児童が参加するので，学年ごとに楽しむのではなく，他学年の児童と交流をして楽しむことが目的になっています。」
じろう	「そのため，全校児童集会では，この目的にあった遊び，またはゲームなどの活動をすることにしましたね。」
ひかり	「どのような活動をするかは，わたしたち6年生が考えて決めることになっていますが，どうやって決めますか。」
あらた	「まずは，個人で活動を考えて提案し，お互いの提案を聞いてから，どの活動がよいかを話し合って決めるのはどうでしょうか。」
こころ	「よいと思います。提案するときは，遊びやゲームなどの名前だけでは，どのような活動なのかがわかりづらいので，具体的な活動とその活動の中で他学年の児童と交流する場面がわかるように提案しましょう。」

（問い）あなたの学校でも，〔会話文〕のように，他学年の児童と交流をして楽しむことを目的とした全校児童集会をすることになったとします。このとき，あなたはどのような活動を提案しますか。具体的な活動とその活動の中で他学年の児童と交流する場面がわかるように，70字以上80字以内で書きましょう。

※問題は，これで終わりです。

このページには，問題は印刷されていません。

受検番号	氏　　名

令和5年度

神奈川県立中等教育学校入学者決定検査

適 性 検 査 Ⅰ

（４５分）

問1 かなこさんとたろうさんは，総合的な学習の時間に取り組んでいます。次の（1），（2）の各問いに答えましょう。

（1）かなこさんとたろうさんは，総合的な学習の時間で，神奈川県の水力発電について話しています。次の〔会話文1〕，〔会話文2〕の内容として，あてはまるものをあとの①～⑥の中からすべて選び，その番号を書きましょう。

〔会話文1〕

かなこ	「神奈川県の水力発電を調べていたら，発電のために〔写真1〕の城山湖が〔写真2〕の津久井湖より高い場所につくられたことがわかりました。」
たろう	「城山湖をつくったことで，どのような発電ができるのですか。」
かなこ	「〔図〕で説明します。まず，津久井湖から城山湖に水をくみあげます。次に，城山湖から津久井湖へ水を流し，流れる水の力で水車を回します。水車と発電機はつながっているので，発電機も回り発電ができます。このように，くみあげた水を利用する水力発電を揚水式発電といいます。」
たろう	「水は高い所から低い所に流れるので，城山湖から津久井湖に流れるしくみはわかりますが，水をくみあげるしくみはどうなっているのですか。」
かなこ	「発電機は，電気を流すとモーターとなってはたらき，水をくみあげる向きで水車を回します。このしくみにより，水がくみあげられます。」
たろう	「水をくみあげたり，その水を使って発電したりするのは，いつですか。」
かなこ	「夜に水をくみあげます。昼と比べ，夜は電気の使用量が減るのですが，火力発電所や原子力発電所は発電を簡単に止められないため，夜は電気が余ります。この余る電気を利用して，水をくみあげています。そして，くみあげた水を電気の使用量が多いときに流して発電します。」

〔写真1〕城山湖

〔写真2〕津久井湖

〔図〕城山湖と津久井湖を利用した水力発電のしくみ

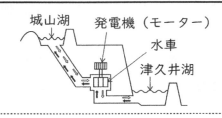

○ 水の流れ
⇒：発電するとき　➡：くみあげるとき

○ 流れる水の量
発電するときは，津久井湖へ最大で1秒あたり192m³，くみあげるときは，城山湖へ最大で1秒あたり180m³の水が流れます。

（神奈川県企業庁「城山発電所」より作成）

〔会話文２〕

たろう	「わたしは，水力発電だけでなく，そのほかの発電も合わせた全国の電力会社10社の年間の発電電力量を〔表〕に，その発電電力量に対する水力発電の割合を〔グラフ〕にしました。〔表〕にあるkWhは，キロワットアワーという単位で，ここでは，発電電力量を表しています。」
かなこ	「〔表〕と〔グラフ〕を見ると，水力発電による発電電力量を求めることができます。」

〔表〕年間の発電電力量

年度	1980	1985	1990	1995	2000	2005	2010	2015
発電電力量(億kWh)	4850	5840	7376	8557	9396	9889	10064	8850

（電気事業連合会「電気事業のデータベース」より作成）

〔グラフ〕

（電気事業連合会「電気事業のデータベース」より作成）

① 津久井湖よりも城山湖の方が高い場所にある。

② 城山湖から津久井湖へ1秒あたり192㎥の水を1時間流し続けたときの水の量を，津久井湖から城山湖へくみあげるには，1秒あたり180㎥ずつくみあげると1時間4分かかる。

③ 城山湖と津久井湖を利用した水力発電では，発電機に電気を流して，モーターとして動かすときに発電している。

④ 電気が余る夜に津久井湖から城山湖に水をくみあげておき，電気の使用量が多いときに，その水を城山湖から津久井湖に流して発電している。

⑤ 水力発電による発電電力量は，2010年度より1980年度の方が多い。

⑥ 年間の発電電力量を比べると，2015年度は2000年度より少ないにもかかわらず，年間の発電電力量に対する水力発電の割合が2015年度と2000年度で同じなのは，水力発電による発電電力量が2000年度より2015年度の方が多いからである。

（2）かなこさんとたろうさんは，総合的な学習の時間で，これからどのように学んでいくかについて話しています。次の〔会話文3〕を読み，あなたは，**社会がかかえているどのような問題を解決したいと考えますか。**また，問題の解決方法を考えるための**思考力を，どのような方法で身に付けますか。**これら2つのことについて，60字以上80字以内で書きましょう。

〔会話文3〕

かなこ	「わたしたちは，神奈川県の水力発電のことや，全国の電力会社10社の年間の発電電力量などを調べ，おたがいに話し合いましたね。」
たろう	「興味や関心をもったことについて調べる学習や，調べたことを発表し，そのことについて話し合う学習では，どのような力が身に付くのか，〔資料〕を読んで確かめましょう。」
かなこ	「〔資料〕には，思考力が生まれたり，思考力を育てたりすることについて書かれていますね。」
たろう	「そうですね。〔資料〕には，知識・技能に加えて未来の変化を想定して未知の状況にも対応できる能力が重視され，思考力が問われていることも書かれています。」
かなこ	「わたしは，日常生活のさまざまな出来事に興味・関心をもち，社会がかかえている問題の解決方法を考えるための思考力を身に付けたいと思います。」

〔資料〕

お詫び：著作権上の都合により，掲載しておりません。
ご不便をおかけし，誠に申し訳ございません。
教英出版

（『これからの新しい勉強法』吉川厚監修　小林実編集協力より　※一部表記を改めたところがある。）
注1)グローバル化：世界的な規模に広がること。
注2)IT化：インターネットなどの情報通信技術の活用が暮らしの中で広がること。
注3)模索：手がかりがないまま，いろいろとためすこと。
注4)アウトプット：考えを文字にしたり，言葉にしたりして表現すること。

（1）次の〔会話文1〕を読んで，あとのア，イの各問いに答えましょう。

〔会話文1〕

たろう	「わたしの問題は，〔枠〕の内側に，〔板〕を〔しきつめ方〕に従ってしきつめて作る模様について考える問題です。1問めは，最も多く■の板を使って作る模様では，■の板を何枚使うかを考えます。」
かなこ	「最も多く■の板を使って作る模様には，■の板を あ 枚使いますね。」
たろう	「そうです。2問めは，1問めの模様も含めて，全部で何種類の模様を作ることができるかを考えます。」
かなこ	「できた模様の中には，それぞれちがうように見えても，〔枠〕ごと回転させると同じ模様になるものがありますね。その模様は，同じ模様と考え，1種類として数えると， い 種類の模様ができますね。」

〔枠〕真上から見たとき

| 12 cm | 〔枠〕の内側は1辺が12 cmの正方形です。 |

〔板〕

■と▦の2種類の板があり，どちらも1辺が4 cmの正方形です。模様を作るときに使い，必要な分だけあります。

〔しきつめ方〕

○ 〔枠〕の内側に〔板〕を9枚しきつめて模様を作ります。ただし，■と▦の，どちらも，必ず1枚以上使うこととします。また，〔板〕を重ねてはいけません。

○ 〔図〕の☆の線（………）と，★の線（-----）のそれぞれで線対称となるよう，模様を作ります。

〔図〕

〔枠〕を真上から見たとき

☆の線（………）と★の線（-----）は，〔枠〕の形である正方形の対称の軸になっています。

ア 〔会話文1〕の あ にあてはまる数を，次の①〜⑦の中から1つ選び，その番号を答えましょう。

① 3　　② 4　　③ 5　　④ 6　　⑤ 7　　⑥ 8　　⑦ 9

イ 〔会話文1〕の い にあてはまる数を，次の①〜⑦の中から1つ選び，その番号を答えましょう。

① 4　　② 6　　③ 8　　④ 10　　⑤ 12　　⑥ 14　　⑦ 16

受検番号	氏　名

令和５年度

神奈川県立中等教育学校入学者決定検査

適 性 検 査 Ⅱ

（４５分）

―――― 注　　意 ――――

1　「はじめ」の合図があるまで，この検査用紙を開いてはいけません。

2　問題は 問4 まであり，１ページから８ページに印刷されています。

3　問題と 解答用紙 の注意事項をよく読んで，答えはすべて 解答用紙 の決められた欄に書きましょう。解答欄の外に書かれていることは採点しません。マーク欄をぬって答える場合は，選んだ番号の ◯ の中をぬりつぶします。

4　解答用紙 には，表と裏の両面に氏名と受検番号を書きましょう。

5　字数の指定がある問題は，指定された字数や条件を守り，ていねいな文字で書きましょう。次の〔例〕のように，横書きで，最初のマスから書き始めます。段落をかえたり，マスの間をあけたりしないで書きます。文字や数字は１マスに１字ずつ書き，文の終わりには句点〔。〕を書きます。句読点〔。，〕やかっこなども１字に数え，１マスに１字ずつ書きます。

〔例〕

１	２	月	の	詩	の	テ	ー	マ	は
，	「	冬	の	朝	」	だ	っ	た	。

6　計算などをするときは， 解答用紙 ではなく，この検査用紙のあいているところを使いましょう。

7　「やめ」の合図があったら，途中でも書くのをやめ，筆記用具を机の上に置きましょう。

問Ｉ たろうさんとかなこさんは，国語の授業で学習した漢字の成り立ちについて話しています。次の〔**会話文**〕を読んで，あとの（１），（２）の各問いに答えましょう。

〔**会話文**〕

たろう 「国語の授業で，漢字の成り立ちについて学びましたね。」
かなこ 「〔**資料Ｉ**〕では，六書という漢字の成り立ちを６つに分類したもののうち，象形文字，指事文字，会意文字，形声文字の４つを学習しました。」
たろう 「日，月という漢字は象形文字，上，下という漢字は指事文字，林，森という漢字は会意文字，持，時という漢字は形声文字に分類されます。」
かなこ 「〔**資料２**〕では，日本でつくられた漢字について学びましたね。」
たろう 「畑，働という漢字は国字でしたね。日本でつくられた漢字と中国でつくられた漢字のちがいについては，〔**資料３**〕を読み，くわしく知ることができました。」
かなこ 「これらの資料をもとに，日本でつくられた国字について考えましょう。」

〔**資料Ｉ**〕

お詫び：著作権上の都合により，掲載しておりません。 ご不便をおかけし，誠に申し訳ございません。 教英出版

（『漢字の歴史』笹原宏之著より　※一部表記を改めたところがある。）

注）抽象性の高い概念：具体的な形に表しにくい事がら。

〔**資料２**〕

お詫び：著作権上の都合により，掲載しておりません。 ご不便をおかけし，誠に申し訳ございません。 教英出版

（『漢字が日本にやってきた！』阿辻哲次　髙木まさき　棚橋尚子監修
青山由紀　岸田薫　鈴木一史編集より　※一部表記を改めたところがある。）

注）風土：その土地の地形などの自然の様子。

【適

〔資料３〕

お詫び：著作権上の都合により，掲載しておりません。
ご不便をおかけし，誠に申し訳ございません。
教英出版

（『「国字」字典』世界文化社発行より　※一部表記を改めたところがある。）

注1)ベトナム：中国のとなりにある，アジアの国。
注2)相前後して：続いて，もしくは少し前の時期に。
注3)漢字文化圏：漢字を使う地域。
注4)大原則：ここでは，最も多くの漢字に共通する原則。
注5)大和言葉：漢語や外来語ではない，日本人が昔から使ってきた言葉。
注6)造字：ここでは，国字をつくること。

（１）〔資料１〕〜〔資料３〕から読み取れる内容として，あてはまるものを次の①〜⑤
の中からすべて選び，その番号を書きましょう。

①　物の形をかたどることにより，その物を表した文字は，形声文字である。
②　図や記号を用いたり，文字を変形させたりして表現した文字は，指事文字である。
③　中国で生まれた漢字は，日本に受け入れられた。
④　中国と日本以外の国で，漢字がつくられることはなかった。
⑤　漢字を成り立ちで分類すると，形声文字が最も多い。

（２）次の２つのことについて，〔資料１〕〜〔資料３〕の内容をふまえ，全体で40字
以上60字以内で書きましょう。

・　日本の国字の多くは，**どのようなこと**を表した漢字ですか。**ものごと**という言葉
を使い，書きましょう。

・　日本の国字の多くは，組み合わせる文字の**何**に着目してつくられたか書きましょ
う。

問2　かなこさんたちは，運動会にむけた準備について話しています。次の（1），
（2）の各問いに答えましょう。

（1）次の〔会話文 l〕を読んで，あとのア，イの各問いに答えましょう。

〔会話文 l〕

かなこ　「先生からもらった〔図〕にある，点A，点B，点C，点Dを結んででき
　　　　る四角形ABCDは正方形，点E，点F，点G，点Hを結んでできる四
　　　　角形EFGHは長方形ですね。」
たろう　「はい。正方形ABCD，長方形EFGHの左側と右側には，円をちょう
　　　　ど半分にした形をそれぞれあわせてあります。それでは，〔図〕をもと
　　　　に，実際のグラウンドにひく線の長さを考えましょう。」
かなこ　「実際のグラウンドにひく線の長さは，点Aから点Bまでの直線が あ m，
　　　　点Eを通る最も内側の線（──）１周が約 い mですね。」
たろう　「そのとおりですね。」

〔図〕運動会のグラウンドの線

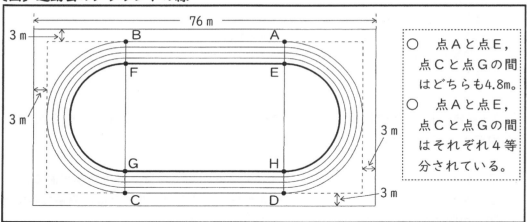

ア　〔会話文 l〕の あ にあてはまる数を，次の①〜⑥の中から l つ選び，その番
　　号を答えましょう。

　　①　35　　　②　35.5　　　③　36　　　④　36.5　　　⑤　38　　　⑥　38.5

イ　〔会話文 l〕の い にあてはまる数を，次の①〜⑥の中から l つ選び，その番
　　号を答えましょう。ただし，円周率は3.14として計算し，線の幅は考えないもの
　　とします。また，計算して求めた数は，小数第 l 位で四捨五入して整数で表すも
　　のとします。

　　①　145　　　②　150　　　③　157　　　④　165　　　⑤　173　　　⑥　180

（2）次の〔会話文2〕を読んで，あとのア，イの各問いに答えましょう。

〔会話文2〕

たろう	「つな引きは，4・5・6年生が参加し，赤組と白組をそれぞれ2チームに分けて行いますね。赤組は4年生46人，5年生36人，6年生50人，白組は4年生45人，5年生38人，6年生49人ですが，〔チームの分け方〕に従い，各組はどのようにチーム分けをしましたか。」
かなこ	「赤組は〔表1〕，白組は〔表2〕のようにチーム分けをしました。」
じろう	「赤組は，AチームとBチームの人数が同じになるようにチーム分けをしました。AチームとBチームの〔チームポイント〕の差は **あ** です。」
ひかり	「白組は，5年生全員をCチームに入れる作戦を立ててから，チーム分けをしました。その結果，Cチームが，4年生 **い** 人，5年生38人，6年生 **う** 人で合計70人，Dチームが，4年生 **え** 人，5年生0人，6年生 **お** 人で合計62人となりました。」
たろう	「なるほど。CチームとDチームの合計人数はちがいますが，CチームとDチームの〔チームポイント〕は同じになっていますね。」

〔チームの分け方〕

○　赤組をAチームとBチーム，白組をCチームとDチームに分ける。ただし，チームの力ができるだけ同じになるように，〔チームポイント〕の差がAチームとBチームの間，CチームとDチームの間で，それぞれ2以下となるようにする。

〔チームポイント〕

　チームの4年生の人数を2倍，5年生の人数を2.5倍，6年生の人数を3倍した数をそれぞれ求め，さらに，求めた3つの数をすべてたした数のこと。

〔表1〕赤組のチーム分け

学年	Aチーム	Bチーム
4年生	24人	22人
5年生	17人	19人
6年生	25人	25人
合計	66人	66人

〔表2〕白組のチーム分け

学年	Cチーム	Dチーム
4年生	**い** 人	**え** 人
5年生	38人	0人
6年生	**う** 人	**お** 人
合計	70人	62人

ア　〔会話文2〕の **あ** にあてはまる数を，次の①〜⑤の中から1つ選び，その番号を答えましょう。

①　0　　　　②　0.5　　　　③　1　　　　④　1.5　　　　⑤　2

イ　〔会話文2〕の **い** 〜 **お** のうち， **い** にあてはまる数を書きましょう。

- 4 -

　たろうさんの班では，学校行事で作る迷路について話しています。次の〔会話文１〕，〔会話文２〕を読んで，あとの（１），（２）の各問いに答えましょう。

〔会話文１〕

たろう　「迷路の中は暗いので，電球で照らすことにしましたね。そこで，わたしは，電球が照らす範囲を調べました。調べたことを〔図１〕～〔図３〕で説明し，電球が照らす範囲のちがいを〔図４〕で考えます。〔図１〕～〔図４〕では，電球の光はどの方向にもまっすぐ進み，遠くまで届くということ，それぞれの図形のまわりの辺を壁として考え，電球の光は壁を通りぬけず，壁で反射しないということを条件とします。また，〔図１〕～〔図３〕の▨は，電球の光が照らす範囲を示しています。」
かなこ　「条件はわかりました。〔図１〕の説明からお願いします。」
たろう　「〔図１〕は，正方形の頂点Ａに置いた電球が照らす範囲を示しています。照らす範囲を調べるためには，電球を置いた頂点Ａと頂点Ｂ，頂点Ｃ，頂点Ｄをそれぞれ結ぶ直線をひきます。そうすると〔図１〕の図形の中に，三角形ＡＢＣと三角形ＡＣＤの２つの三角形ができます。この頂点Ａを含む三角形２つが，頂点Ａに置いた電球が照らす範囲です。」
かなこ　「わかりました。次に，〔図２〕の説明をお願いします。」
たろう　「〔図２〕の図形は，〔図１〕の正方形を重ねずに３つ組み合わせた図形です。その図形の頂点Ｊに置いた電球が照らす範囲を説明します。〔図１〕のときと同じように，頂点Ｊと他の頂点をそれぞれ結ぶ直線をひきます。ただし，頂点Ｊと結ぶ直線が図形の外側を通る頂点Ｈと頂点Ｇには，ひきません。また，光はまっすぐ進み，遠くまで照らすので，頂点Ｊと頂点Ｉを結ぶ直線は，頂点Ｉを通過し，壁と接するまでひきます。」
かなこ　「そのように線をひいて三角形をつくり，調べたのですね。続いて，〔図３〕の説明をお願いします。」
たろう　「〔図３〕と〔図２〕の図形は同じで，〔図３〕は，図形の頂点Ｉに置いた電球が照らす範囲を示しています。また，〔図３〕と〔図２〕を比べると，電球を置く頂点によって照らす範囲がちがうことがわかります。それでは，〔図１〕の正方形を重ねずに４つ組み合わせた〔図４〕の図形で，電球を置く頂点によって照らす範囲がどのくらいちがうかを考えます。〔図４〕の図形は，辺ＫＬと辺ＮＯの長さが等しい図形なので，そのことに気を付けて，照らす範囲を面積として考えてください。」
かなこ　「なるほど。照らす範囲を面積としてとらえ，面積で比べるのですね。」

〔図１〕
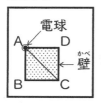

〔図２〕
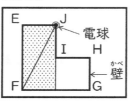

〔図３〕
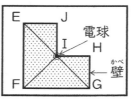

〔図４〕
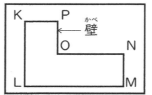

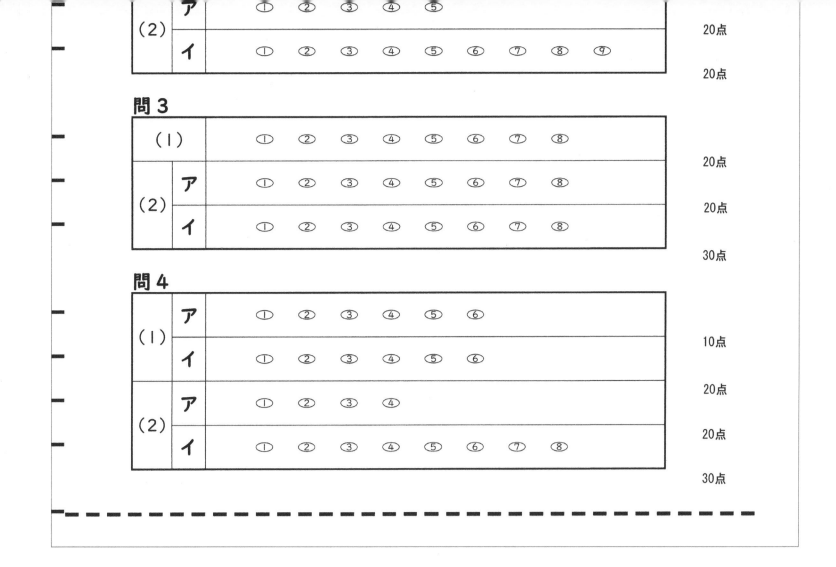

（2）

| ア | ① ② ③ ④ ⑤ | 20点 |

| イ | ① ② ③ ④ ⑤ ⑥ ⑦ ⑧ ⑨ | 20点 |

問3

（1）		① ② ③ ④ ⑤ ⑥ ⑦ ⑧	20点
（2）	ア	① ② ③ ④ ⑤ ⑥ ⑦ ⑧	20点
	イ	① ② ③ ④ ⑤ ⑥ ⑦ ⑧	30点

問4

（1）	ア	① ② ③ ④ ⑤ ⑥	10点
	イ	① ② ③ ④ ⑤ ⑥	20点
（2）	ア	① ② ③ ④	20点
	イ	① ② ③ ④ ⑤ ⑥ ⑦ ⑧	30点

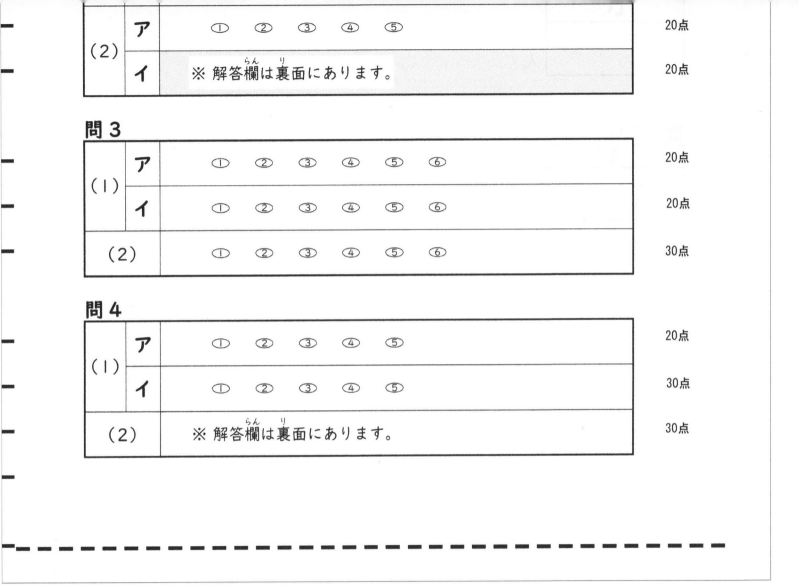

| (2) | ア | ① ② ③ ④ ⑤ | 20点 |
| | イ | ※ 解答欄は裏面にあります。 | 20点 |

問3

(1)	ア	① ② ③ ④ ⑤ ⑥	20点
	イ	① ② ③ ④ ⑤ ⑥	20点
(2)		① ② ③ ④ ⑤ ⑥	30点

問4

(1)	ア	① ② ③ ④ ⑤	20点
	イ	① ② ③ ④ ⑤	30点
(2)		※ 解答欄は裏面にあります。	30点

い

人

問4（2）

う

点

氏 名		受検番号					

問１（１）

問１（２）

※表紙の──**注　意**──の５をよく読んで書きましょう。
　なお，この問題は，ひらがなやカタカナのみで書いてはいけません。

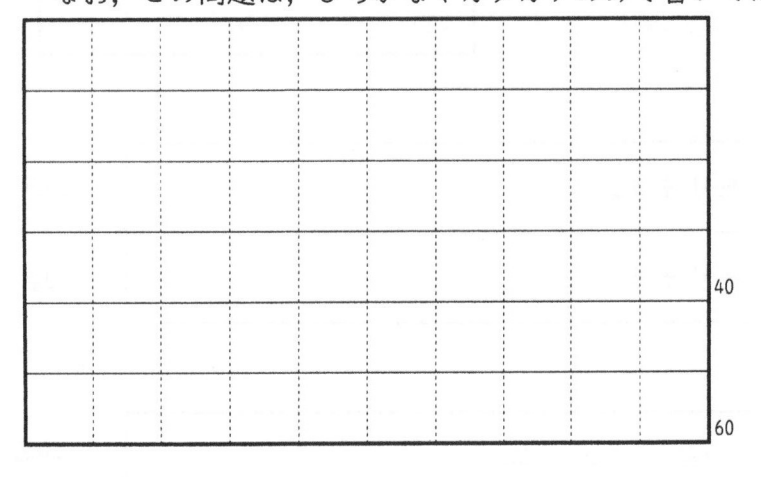

40

60

適性検査Ⅱ　解答用紙 （令和5年度）

※300点満点

受検番号

⓪	⓪	⓪	⓪	⓪
①	①	①	①	①
②	②	②	②	②
③	③	③	③	③
④	④	④	④	④
⑤	⑤	⑤	⑤	⑤
⑥	⑥	⑥	⑥	⑥
⑦	⑦	⑦	⑦	⑦
⑧	⑧	⑧	⑧	⑧
⑨	⑨	⑨	⑨	⑨

注意事項

1　ＨＢまたはＢのえんぴつ（シャープペンシルも可）を使用して，◯ の中をぬりつぶすこと。

2　答えを直すときは，きれいに消して，消しくずを残さないこと。

3　数字や文字などを記述して解答する場合は，解答欄からはみ出さないように，はっきり書き入れること。

4　解答用紙 をよごしたり，折り曲げたりしないこと。

良い例	悪い例		
⬤	⊘線	⊙小さい	▨はみ出し
	◯丸囲み	⦸レ点	⬭うすい

問 1

（1）	※ 解答欄は裏面にあります。	30点
（2）	※ 解答欄は裏面にあります。	40点

問 2

（1）	ア	① ② ③ ④ ⑤ ⑥	20点

氏名 _____

受検番号 _____

問１（１）

問１（２）

※表紙の──**注　意**──の５をよく読んで書きましょう。
　なお，この問題は，ひらがなやカタカナのみで書いてはいけません。

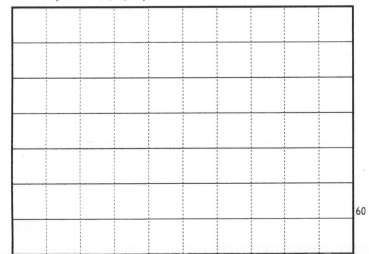

60

適性検査 I　解答用紙　（令和5年度）

氏名	

受検番号

⓪	⓪	⓪	⓪	⓪
①	①	①	①	①
②	②	②	②	②
③	③	③	③	③
④	④	④	④	④
⑤	⑤	⑤	⑤	⑤
⑥	⑥	⑥	⑥	⑥
⑦	⑦	⑦	⑦	⑦
⑧	⑧	⑧	⑧	⑧
⑨	⑨	⑨	⑨	⑨

注意事項

1　HBまたはBのえんぴつ（シャープペンシルも可）を使用して、◯ の中をぬりつぶすこと。

2　答えを直すときは、きれいに消して、消しくずを残さないこと。

3　数字や文字などを記述して解答する場合は、解答欄からはみ出さないように、はっきり書き入れること。

4　解答用紙 をよごしたり、折り曲げたりしないこと。

良い例	悪い例		
●	◙ 線	◉ 小さい	✎ はみ出し
	◯ 丸囲み	✓ レ点	⬮ うすい

問1

（1）	※ 解答欄は裏面にあります。	30点
（2）	※ 解答欄は裏面にあります。	40点

問2

（1）	ア	① ② ③ ④ ⑤ ⑥ ⑦	20点
	イ	① ② ③ ④ ⑤ ⑥ ⑦	

〔会話文２〕

たろう	「〔図５〕は，方眼紙にかいた迷路の設計図です。〔図６〕は，〔図５〕に電球を置く場所をかき加えた図で，必ず電球を置く場所を●，迷路の中を照らすために電球を置くことができる場所を○で表しています。」
かなこ	「〔図６〕を使い，迷路のどこに電球を置けば，入り口から出口までの迷路の中すべてを照らせるか，たろうさんが〔図１〕～〔図３〕の説明をしたときの条件と同じ条件で考えてみましょう。」
たろう	「51か所ある○のうち，　あ　か所に電球を置くと，迷路の中すべてを照らすことができ，電球の数が最も少なくてすみますね。」

〔図５〕迷路の設計図

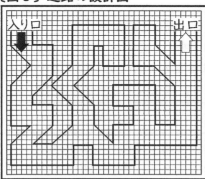

〔図６〕

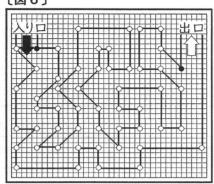

（１）〔図４〕の図形について，次の**ア**，**イ**の各問いに答えましょう。

ア 頂点Ｋ，頂点Ｌ，頂点Ｍ，頂点Ｎ，頂点Ｏ，頂点Ｐの６つの頂点の中から，１つの頂点を選んで電球を置くとき，図形全体を照らすことができる頂点はいくつあるか，次の①～⑥の中から１つ選び，その番号を答えましょう。

① １つ　　② ２つ　　③ ３つ　　④ ４つ　　⑤ ５つ　　⑥ ６つ

イ 頂点Ｏに置いた電球が照らす範囲の面積は，頂点Ｋに置いた電球が照らす範囲の面積の何倍になっているか，次の①～⑥の中から１つ選び，その番号を答えましょう。

① 1.5倍　② 1.6倍　③ 1.7倍　④ 1.8倍　⑤ 1.9倍　⑥ ２倍

（２）〔会話文２〕の　あ　にあてはまる数を，次の①～⑥の中から１つ選び，その番号を答えましょう。

① ４　　　　② ５　　　　③ ６　　　　④ ７　　　　⑤ ８　　　　⑥ ９

かなこさんとたろうさんは，算数の授業でゲームをしています。次の〔会話文１〕，〔会話文２〕を読んで，あとの（１），（２）の各問いに答えましょう。

〔会話文１〕

> かなこ 「今日の算数の授業では，計算をしながら〔ゲーム〕をしますね。」
> たろう 「こまをシートの上で，どのように動かすか，考えましょう。」

〔ゲーム〕

> ○ 〔使うもの〕は，シート１枚，こま１つ，１～６の目が出るさいころ１つです。
> ○ こまは，シートのマス（□，■）の上を動かします。そのとき，さいころをふって出た目の数と，こまを動かすマスの個数が必ず同じになるようにします。
> ○ さいころは，３回ふります。さいころを１回ふるたびに，こまを〔こまの動かし方〕に従って動かします。こまを動かし終えたら，再びさいころをふります。
> ○ こまを⑤に置き，そこから１回めを始めます。動かし終えたこまは，マスの上に置いたままにし，２回め，３回めは，前の回で動かし終えたマスから始めます。
> ○ こまが通ったマスや，それぞれの回でこまを動かし終えたマスにかいてある数字や記号をもとに〔得点の計算〕をしながら，最後の得点を求めます。

〔使うもの〕 〔こまの動かし方〕

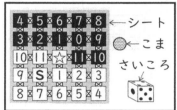

> ○ 通路（▨▨▨）を通って動かします。
> ○ ⑤には動かせません。⑤以外のマスは，何度も通ったり，置いたりすることができます。
> ○ 〔動かすときの注意〕に従い動かします。〔動かすことができなくなるとき〕は，ゲーム終了です。

〔動かすときの注意〕

> ○ 〔もどる方向〕には動かせません。
>
> 〔もどる方向〕の例
>
> > ・ 11から2へ動かしたときのもどる方向は11がある方向です。そのあと，2から1へ動かすと，もどる方向は2がある方向となります。
> > ・ ２回めを始めるときのもどる方向，３回めを始めるときのもどる方向は，それぞれこまが置いてあるマスの直前に通ったマスがある方向です。
>
> ○ さいころの１の目が出たときは，１マスだけ動かします。２～６の目が出たときは，〔例〕のように，動かす途中で１度だけ進む方向を曲げます。
>
> 〔例〕１回めにさいころの３の目が出て，こまを⑤から11方向に動かしたいとき
>
> > できる動き
> >   例 ⑤⇒11⇒☆⇒11, ⑤⇒11⇒2⇒1, ⑤⇒11⇒2⇒3
> >
> > できない動き
> >   例 ⑤⇒11⇒2⇒5（１度も曲げていない）, ⑤⇒11⇒10⇒3（２度曲げている）

〔動かすことができなくなるとき〕

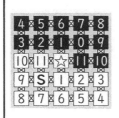

さいころをふって出た目の数とこまを動かすマスの個数は必ず同じでなければいけませんが，例えば，こまが☆に置いてあるときに，さいころの5や6の目が出ると，どの方向に動かしても4マスまでしか動かすことができません。このようなときは，そこでゲーム終了とし，その前の回が終わったときの得点を最後の得点とします。

〔得点の計算〕

○ 1回めを始めるときの得点は100点です。

○ ③，３，⑥，６，⑨，９では，得点からマスにかかれている数をひきます。

○ ③，３，⑥，６，⑨，９，☆以外では，得点にマスにかかれている数をたします。

○ ☆でこまを動かし終わるときは12をたし，通るだけのときは12をひきます。

例　さいころの2の目が出て⑤から⑪⇒☆と動かすとき 100 ＋ 11 ＋ 12

例　さいころの3の目が出て⑤から⑪⇒☆⇒⑪と動かすとき 100 ＋ 11 － 12 ＋ 11

○ 2回め，3回めは，その前の回までの得点を始めるときの得点とし計算します。

例　1回めの得点が114点で2回めに⑪から⑩⇒③と動かすとき 114 ＋ 10 － 3

〔会話文2〕

かなこ 「1回めにさいころの2の目が出て⑤から⑪，☆の順でこまを動かし，2回めのさいころをふると，3の目が出ました。今から3マス動かします。」

たろう 「2回め終了後の得点が最も高くなる動かし方は何通りかあります。この中の，どの動かし方が，最後の得点も最も高くなるか考えましょう。」

かなこ 「まず，2回め終了後の得点が最も高くなる動かし方の中で，　あ　のマスへ動かす動かし方を選びます。そして，3回めでさいころの　い　の目が出れば，最後の得点は　う　点となり，最も高い得点になります。」

（1）次の**ア**，**イ**の各問いに答えましょう。

ア 〔こまの動かし方〕に従って，こまを⑤から4マス動かす動かし方は何通りあるか，次の①～⑤の中から1つ選び，その番号を答えましょう。

① 8通り　　② 9通り　　③ 10通り　　④ 12通り　　⑤ 16通り

イ この〔ゲーム〕には，2回めを始めることができるマスが20マスあります。そのうち，2回めにさいころの6の目が出たとき，そこから6マスこまを動かすことができるマスは何マスあるか，次の①～⑤の中から1つ選び，その番号を答えましょう。

① 13マス　　② 14マス　　③ 15マス　　④ 16マス　　⑤ 17マス

（2）〔会話文2〕の　あ　～　う　のうち，　う　にあてはまる数を書きましょう。

※問題は，これで終わりです。

このページには，問題は印刷されていません。

このページには，問題は印刷されていません。

Ｋ教英出版

（2）次の〔会話文2〕を読んで，あとのア，イの各問いに答えましょう。

〔会話文2〕

かなこ 「わたしの問題は，〔展開図〕を組み立ててできるさいころを2個使います。2個のさいころを，〔並べ方〕に従って〔図1〕の直方体となるように並べます。その直方体の面にある，さいころの目の数がいくつになるかや，条件を満たす並べ方は何通りあるかを考える問題です。」

たろう 「1問めは，〔図2〕のように並べたときについて考えるのですか。」

かなこ 「そうです。Aの面の目の数とBの面の目の数がいくつになるか考え，その2つの数の和を求めます。2問めは，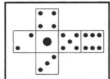が〔図3〕の位置となる並べ方は，〔図2〕の並べ方も含めて，全部で何通りあるかを考えます。」

〔展開図〕

〔並べ方〕

○ 〔展開図〕を組み立ててできるさいころ2個を〔図1〕のように，ぴったりと合わせて直方体となるように並べます。このように並べると，〔図1〕の直方体には，正方形の面▦が2つ，正方形が2つ並んで長方形となる面▨が4つできます。

○ 面▦は，どちらも目の数が奇数（きすう）となるようにします。

○ 面▨は，4つの面それぞれで，2個のさいころの面の目の数をたし，その和が奇数（きすう）となるようにします。

〔図1〕 さいころ2個を合わせた直方体

正方形が2つ並んで長方形となる面

正方形の面

正方形が2つ並んで長方形となる面

〔図2〕

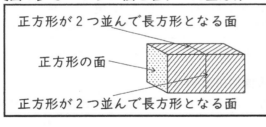

Aの面　Bの面

〔図3〕

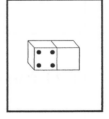

ア 〔展開図〕を組み立ててできるさいころ2個を〔並べ方〕に従い，〔図2〕のように並べたとき，Aの面の目の数とBの面の目の数の和はいくつになるか，次の①〜⑤の中から1つ選び，その番号を答えましょう。

①　3　　　　　②　5　　　　　③　7　　　　　④　9　　　　　⑤　11

イ 〔展開図〕を組み立ててできるさいころ2個を〔並べ方〕に従い，が〔図3〕の位置となるように並べるとき，〔図2〕の並べ方も含めて，並べ方は何通りあるか，次の①〜⑨の中から1つ選び，その番号を答えましょう。

①　4通り　　②　5通り　　③　6通り　　④　7通り　　⑤　8通り
⑥　9通り　　⑦　12通り　　⑧　15通り　　⑨　18通り

　　かなこさんたちは，社会科の授業で，地球温暖化について調べたことを話し合っています。次の〔会話文〕を読んで，あとの（１），（２）の各問いに答えましょう。

〔会話文〕

かなこ	「地球温暖化の原因の１つとして，温室効果ガスの問題があります。わたしは，日本の温室効果ガス総排出量を調べ，〔表１〕にしました。」
たろう	「温室効果ガスの大部分は二酸化炭素で，2019 年の世界の二酸化炭素排出量は，約335億トンです。〔表２〕は，その排出量における日本，アメリカ，中国の排出割合などをまとめたものです。年間１人あたりの排出量は，各国の排出量をそれぞれの国の人口でわって求めました。」
ひかり	「2020 年度の日本の家庭１世帯あたりの二酸化炭素排出量は，約3.9トンです。わたしは，2020 年度の日本の家庭で，どんなときに二酸化炭素を排出しているかを調べ，その割合を〔表３〕にしました。」
たろう	「照明をこまめに消したり，暖房や冷房の設定温度に気を付けたりして，二酸化炭素排出量を減らしていきたいですね。」
かなこ	「日本は，目標とする温室効果ガス総排出量を，〔表１〕の2013 年度の温室効果ガス総排出量から46％減らした量としています。目標を達成するには，2019 年度の温室効果ガス総排出量と比べて，あと約 あ トン減らす必要があります。」

〔表１〕日本の温室効果ガス総排出量の推移

年度	2013	2014	2015	2016	2017	2018	2019
温室効果ガス総排出量（トン）	14億900万	13億6000万	13億2200万	13億500万	12億9200万	12億4800万	12億1200万

（国立環境研究所「日本国温室効果ガスインベントリ報告書」より作成）

〔表２〕世界の二酸化炭素排出量における国別排出割合と
年間１人あたりの二酸化炭素排出量（2019 年）

国名	日本	アメリカ	中国
排出割合（％）	3.2	14.1	29.5
１人あたりの排出量（トン）	8.4	14.5	7.1

（JCCCA「地球温暖化防止ハンドブック」より作成）

〔表３〕日本の家庭１世帯あたりの二酸化炭素排出量における注)用途別排出割合

用途	照明・家電製品	暖房	給湯	ごみ	冷房	その他
排出割合（％）	32.4	15.9	15	3.8	2.6	30.3

（JCCCAホームページより作成）

注)用途：使いみち。

（１）〔会話文〕，〔表１〕～〔表３〕から読み取れる内容として，あてはまるものを次の
A～Eからすべて選ぶとき，その組み合わせとして適切なものを，あとの①～⑧の
中から１つ選び，その番号を答えましょう。

A　日本の温室効果ガス総排出量は，2013 年度から 2019 年度まで減少し続けてい
る。

B　2019 年の日本，アメリカ，中国の二酸化炭素排出量を合わせると，世界全体の
５割以上になる。

C　日本とアメリカの 2019 年の年間１人あたりの二酸化炭素排出量を比べると，ア
メリカは日本の２倍以上である。

D　2019 年の年間１人あたりの二酸化炭素排出量は日本の方が中国より多いが，国
全体の二酸化炭素排出量は日本の方が中国より少ない。

E　2020 年度の日本の家庭１世帯における照明・家電製品，暖房，冷房による二酸
化炭素排出量の合計は，1.5 トン以上である。

① A，B　　　　② A，D　　　　③ A，E　　　　④ C，E
⑤ A，B，E　　⑥ A，C，D　　⑦ A，D，E　　⑧ B，D，E

（２）次の**ア**，**イ**の各問いに答えましょう。

ア　2019 年の日本の二酸化炭素排出量は，日本の温室効果ガス総排出量の約何％に
あたるか，あてはまるものを，次の①～⑧の中から１つ選び，その番号を答えま
しょう。なお，〔表１〕の 2019 年度の日本の温室効果ガス総排出量を 2019 年のも
のと考えて計算するものとします。また，計算中の割合が小数になる場合は，小
数第３位を四捨五入し，小数第２位までのがい数にしてから百分率で表すものと
します。

① 62%　　　　② 65%　　　　③ 70%　　　　④ 77%
⑤ 81%　　　　⑥ 88%　　　　⑦ 93%　　　　⑧ 98%

イ　〔会話文〕の あ にあてはまる数を，次の①～⑧の中から１つ選び，その番号
を答えましょう。なお， あ にあてはまる数は，百万の位で四捨五入して千万の
位までのがい数で表すものとします。

① ２億 6000 万　　② ３億 1000 万　　③ ４億 1000 万　　④ ４億 5000 万
⑤ ５億 3000 万　　⑥ ５億 6000 万　　⑦ ６億 8000 万　　⑧ ７億 1000 万

問4　たろうさんの班では，校外学習の計画について話し合っています。次の〔会話文〕を読んで，あとの（1），（2）の各問いに答えましょう。

〔会話文〕

たろう	「わたしたちが校外学習に行く日は，〔表1〕を見ると，どの施設も見学でき，すべての施設で花が見られる日ですね。」
かなこ	「どの施設へ行くのにも電車を使うので，調べて〔路線情報〕にしました。」
じろう	「わたしは，施設に近い駅と，移動にかかる時間を〔表2〕にしました。」
ひかり	「では，話し合って決めた〔計画の立て方〕に従って，考えましょう。」
たろう	「見学する施設の選び方ですが，昼食場所のスイレン庭園以外の1か所だけを選ぶのは あ 通り，2か所を選ぶのは い 通り，3か所すべてを選ぶのは1通りなので，全部で う 通りが考えられます。」
かなこ	「施設に行く順番をうまく考えれば，すべての施設に行けますね。」
じろう	「見学にかかる時間を〔表1〕のとおりにとって，それぞれの施設の開園時間にも気を付けて計画を立てましょう。」

〔表1〕見学できる施設

施設名	休業日	開園時間	見学にかかる時間	花が見られる期間
バラガーデン	月曜日	10時～16時	50分	5月1日～6月20日
アジサイ広場	水曜日	10時～17時	15分	5月21日～7月10日
サツキ公園	なし	9時～17時	30分	5月21日～6月10日
スイレン庭園	月曜日	9時～17時	20分	5月11日～7月31日

〔路線情報〕

○　〔路線図〕は，A駅からH駅までを結ぶ路線を表しています。A駅を出発してH駅に向かう下り電車と，H駅を出発してA駅に向かう上り電車があり，いずれもすべての駅に停車します。下り電車は，H駅に到着した5分後に上り電車として，上り電車は，A駅に到着した5分後に下り電車として，それぞれ出発します。

○　下り電車は，7時から16時までのすべての時間帯で，A駅を0分，12分，24分，36分，48分に出発します。

　　例　8時台はA駅を8時，8時12分，8時24分，8時36分，8時48分に出発

〔路線図〕

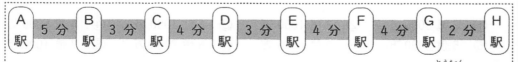

○　駅と駅の間に書いてある時間は，電車が駅を出発し，次の駅に到着するまでの時間です。電車は駅に到着した1分後に次の駅に向けて出発します。

　　例　A駅を8時に出発⇒B駅に8時5分に到着⇒B駅を8時6分に出発

2023（R5）神奈川県立中等教育学校
Ｋ 教英出版
－9－

【適

〔表2〕施設に最も近い駅

施設名	施設に最も近い駅	施設と駅の間の移動方法とかかる時間
バラガーデン	B駅	徒歩で10分
アジサイ広場	D駅	徒歩で9分
サツキ公園	F駅	徒歩で7分
スイレン庭園	H駅	徒歩で11分

〔計画の立て方〕

○ 9時に学校を出発し，学校には15時15分までにもどる。

○ 〔路線情報〕の電車を使って移動し，駅と施設，駅と学校の間は徒歩で移動する。学校に最も近い駅はA駅で，学校とA駅の間は徒歩で10分かかる。

○ スイレン庭園には，11時30分から12時30分までの間に到着するように計画し，先に昼食時間を40分とってから，庭園を見学する。

○ 〔表1〕の中から，昼食場所のスイレン庭園以外に，行きたい施設を1か所以上選ぶ。

(1) 次の**ア，イ**の各問いに答えましょう。

ア たろうさんの班が校外学習に行く日を，次の①〜⑥の中から1つ選び，その番号を答えましょう。

① 5月16日（火）　② 5月26日（金）　③ 6月7日（水）

④ 6月22日（木）　⑤ 7月3日（月）　⑥ 7月11日（火）

イ 〔会話文〕の あ 〜 う のうち， う にあてはまる数を，次の①〜⑥の中から1つ選び，その番号を答えましょう。

① 7　　② 8　　③ 9　　④ 10　　⑤ 11　　⑥ 12

(2) 次の**ア，イ**の各問いに答えましょう。

ア A駅を9時48分に出発した下り電車がH駅に到着する予定時刻を，次の①〜④の中から1つ選び，その番号を答えましょう。

① 10時13分　　② 10時14分　　③ 10時19分　　④ 10時20分

イ すべての施設を見学し，最も早く学校へもどる計画を立てるとき，学校へもどる予定時刻を，次の①〜⑧の中から1つ選び，その番号を答えましょう。

① 14時24分　　② 14時29分　　③ 14時36分　　④ 14時41分

⑤ 14時48分　　⑥ 14時53分　　⑦ 15時　　⑧ 15時5分

※**問題は，これで終わりです。**

【適

受検番号	氏　　名

令和４年度

神奈川県立中等教育学校入学者決定検査

適性検査Ⅰ
（４５分）

─────── 注　　意 ───────

1　「はじめ」の合図があるまで，この検査用紙を開いてはいけません。

2　問題は 問４ まであり，１ページから８ページに印刷されています。

3　問題をよく読んで，答えはすべて 解答用紙 の決められた欄(らん)に書きましょう。解答欄(らん)の外に書かれていることは採点しません。

4　字数の指定がある問題は，指定された字数や条件を守り，ていねいな文字で書きましょう。次の〔例〕のように，横書きで，最初のマスから書き始めます。段落をかえたり，マスの間をあけたりしないで書きます。文字や数字は１マスに１字ずつ書き，文の終わりには句点〔。〕を書きます。句読点〔。，〕やかっこなども１字に数え，１マスに１字ずつ書きます。

〔例〕

１	２	月	の	詩	の	テ	ー	マ	は
，	「	冬	の	朝	」	だ	っ	た	。

5　「やめ」の合図があったら，途中(とちゅう)でも書くのをやめ，筆記用具を机の上に置きましょう。

たろうさんとかなこさんは，総合的な学習の時間の授業で，神奈川県の橋と道路について調べました。次の〔会話文〕を読んで，あとの（1），（2）の各問いに答えましょう。

〔会話文〕

たろう	「わたしは神奈川県にある〔写真1〕の横浜ベイブリッジと，〔写真2〕の風のつり橋について調べました。」
かなこ	「どちらの橋も形が美しいですね。」
たろう	「そうですね。横浜ベイブリッジは長さ860mの橋です。風のつり橋は長さ267mの橋で，景色がよく，マラソンのコースにもなっています。」
かなこ	「わたしが用意した〔写真3〕の鶴見つばさ橋も見てください。」
たろう	「横浜ベイブリッジは，斜張橋といわれています。鶴見つばさ橋も注)塔からすべてのケーブルがななめに張られていますね。風のつり橋は，つり橋といわれています。それらのちがいを〔特ちょう〕にまとめました。」
かなこ	「次は，わたしが発表します。神奈川県周辺の道路を調べ，その一部として，横浜駅から羽田空港までを，〔図〕のようにかきました。」
たろう	「〔図〕を見ると，横浜ベイブリッジと鶴見つばさ橋ができたおかげで，いろいろな行き方を選べるようになったことがわかります。」

注)塔：細長くたつ建造物。

〔写真1〕横浜ベイブリッジ　　〔写真2〕風のつり橋　　〔写真3〕鶴見つばさ橋

〔特ちょう〕たろうさんがまとめたこと

○　〔斜張橋〕と〔つり橋〕は，どちらも道路になる部分をケーブルでつるという構造は同じですが，道路になる部分を直接つるのかどうかで異なります。

〔斜張橋〕

○　塔からななめに張られているⒶのケーブルで，道路になる部分を直接つっています。

塔　　塔　　Ⓐ
道路になる部分

〔つり橋〕

○　塔と塔の間にⒷのメインケーブルがなめらかな曲線となるように張られ，そこから垂らしたⒸのハンガーロープで道路になる部分をつっています。
○　Ⓑの両はしをⒹのアンカレイジというコンクリートのブロックで，つなぎとめています。

Ⓓ　塔　Ⓑ　塔　Ⓓ
Ⓒ
道路になる部分

〔図〕かなこさんがかいた横浜駅から羽田空港までの道路の一部

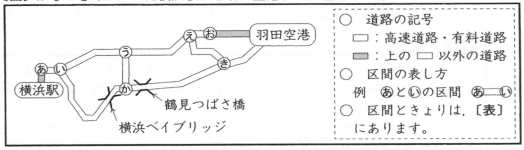

〔表〕かなこさんがかいた〔図〕における道路の区間ときょり

○ 高速道路・有料道路の区間

区間	あ⎯い	い⎯う	い⎯か	う⎯え	う⎯か	え⎯お	え⎯き	か⎯き	き⎯空
きょり（km）	0.6	5.3	9.8	9.1	4.6	1.5	5.6	12.1	4.2

○ 上の □ 以外の道路の区間

区間	駅⎯あ	お⎯空
きょり（km）	0.1	6.5

※ 駅は横浜駅，空は羽田空港を表しています。

（首都高速道路株式会社「首都高ドライバーズサイト」より作成）

（1）〔会話文〕，〔写真1〕〜〔写真3〕，〔特ちょう〕の内容としてあてはまるものを次の①〜⑤の中からすべて選び，その番号を書きましょう。

① 横浜ベイブリッジと鶴見つばさ橋は，斜張橋である。
② 風のつり橋は，道路になる部分を塔からケーブルで直接つっている橋である。
③ 鶴見つばさ橋は，塔と塔の間にメインケーブルがなめらかな曲線となるように張られている橋である。
④ 横浜ベイブリッジと風のつり橋には，どちらにも塔がある。
⑤ マラソンの選手が分速300mで走って，風のつり橋をわたりきる時間は，自動車が時速80kmで走行して，横浜ベイブリッジをわたりきる時間よりも長くかかる。

（2）かなこさんとたろうさんは，〔図〕にある道路について，横浜駅から羽田空港までの行き方を考え，それぞれのきょりは〔表〕を使って，求めました。このとき，次のア，イの各問いに答えましょう。ただし，1回通った道路の区間は通行できないものとし，きからえを通りおまでの通行はできないものとします。

ア 横浜駅から横浜ベイブリッジを通って羽田空港まで行くとき，その行き方は何通りか，書きましょう。

イ 横浜駅からおの地点を通らないで羽田空港まで行くとき，その行き方のうち，きょりが1番長い方から1番短い方をひいたきょりの差は何kmか，書きましょう。

　　かなこさんの班では，理科の授業で，重さを調べる方法について話していま
す。次の〔会話文〕を読んで，あとの（1），（2）の各問いに答えましょう。

〔会話文〕

先生	「実験で，3つの立方体A，立方体B，立方体Cの重さをはかります。どの立方体も1g〜17gの間で，1gきざみのどれかの重さであることがわかっています。」
かなこ	「〔説明〕を読み，てんびんと〔ねんどのおもり〕を使い，〔はかり方の手順〕に従って，重さをはかった実験の結果は〔表〕のようになりました。」
たろう	「立方体Bの重さは，〔はかり方の手順〕に従っても求められなかったので，〔表〕の1回め〜4回めの結果をもとに，重さを考えました。」
かなこ	「このとき，立方体Bの重さを求められなかったのは，9g，5g，2g，1gという，〔ねんどのおもり〕のおもりの重さの組み合わせが原因です。」
たろう	「〔ねんどのおもり〕の4個の組み合わせでは，1g〜17gの間の，1gきざみの重さの中に，はかることができない重さがあるので，新しいおもりの重さと個数を考えましょう。」
かなこ	「新しいおもりの個数を5個にして，1gからはじめて，2g，3gと，1gきざみで，できるだけ重い重さまではかることができるようにしましょう。」
たろう	「新しいおもりの重さを重い方から あ g， い g， う g， え g，1gの5個にすると，それらの組み合わせ方によって，1gから1gきざみで お gの重さまでを，はかることができます。」
かなこ	「たろうさんが考えた5個のおもりをもとに，1gから1gきざみで，できるだけ重い重さまではかることができる，7個のおもりを考えました。それらの組み合わせ方によって，1gから1gきざみで か gの重さまでを，はかることができます。」

〔説明〕てんびんの左の皿に立方体，右の皿におもりを，順にのせたときの針の状態

　右の皿にのせたものの方が重ければ，針はめもりの中心より右側へ動き，右側にかたむいたままになります。

　左の皿にのせたものの方が重ければ，針はめもりの中心より左側にかたむいたままになります。

　右の皿にのせたものと左の皿にのせたものの重さが等しければ，はじめに針は，めもりの中心から左右同じはばで動きますが，針の動くはばは，だんだんせまくなり，やがて針はめもりの中心をさして止まります。

〔ねんどのおもり〕

○ 9g，5g，2g，1gのねんどのおもりがそれぞれ1個ずつ用意してあります。

    ◯←9g   ◯←5g   ○←2g   ○←1g

〔はかり方の手順〕

※　①～③を順番に行ったあと，最後に⑥を行い，立方体の重さを求めます。

① てんびんの左の皿に，重さを調べる立方体だけをのせます。
② てんびんの右の皿に，1番重いおもりをのせます。
③ てんびんの針の状態に合わせて，☆か★に進みます。

☆　針が左右どちらかにかたむくとき
※　④か⑤のどちらかを行ったあと，再び③を行います。
④ 針が右側にかたむくとき，その直前に，右の皿にのせたおもりを，その次に重いおもりと入れかえます。
⑤ 針が左側にかたむくとき，右の皿にのせたおもりはそのままとし，その次に重いおもりを，右の皿に加えます。

★　針が左右に同じはばで動くとき
⑥ 右の皿にのせたおもりの重さの合計から，立方体の重さを求めます。

〔表〕おもりをのせたときの，てんびんの針の状態

	1回め	2回め	3回め	4回め
立方体A	右側にかたむく	左側にかたむく	右側にかたむく	左右に同じはばで動く
立方体B	左側にかたむく	右側にかたむく	左側にかたむく	左側にかたむく
立方体C	左側にかたむく	右側にかたむく	左右に同じはばで動く	

（1）次のア，イの各問いについて答えましょう。

ア　1g～17gの間の，1gきざみの重さの中には，〔ねんどのおもり〕をどのように組み合わせても，はかることができない重さがあります。その中で1番軽い重さは何gか，書きましょう。

イ　立方体Aと立方体Bの重さは何gか，それぞれ書きましょう。

（2）次のア，イの各問いについて答えましょう。

ア　〔会話文〕の あ ～ お のうち， お にあてはまる数を書きましょう。

イ　〔会話文〕の か にあてはまる数を書きましょう。

-4-

　　たろうさんたちは，実行委員として球技大会について話しています。次の
（1），（2）の各問いに答えましょう。

（1）次の〔会話文１〕を読んで，あとのア，イの各問いに答えましょう。

〔会話文１〕

> たろう　「12月の球技大会で行うサッカー，ドッジボール，バスケットボールの
> 昼休みの練習について，12月7日から11日までの計画を〔**練習日の決
> め方**〕に従って決めましたが，この期間には雨の日があり，その日はど
> の組も運動場が使えませんでしたね。」
>
> じろう　「みんなの組は，計画通りに練習ができましたか。」
>
> かなこ　「A組は，運動場での練習が7日と10日，体育館での練習が11日と決め
> ましたが，雨で運動場は1回しか使えませんでした。」
>
> ひかり　「D組は，運動場での練習が8日と11日，体育館での練習が7日と決め
> ましたが，運動場は雨のためまったく使えませんでした。」
>
> たろう　「B組は，運動場と体育館で3日連続して練習する計画でしたが，10日
> と11日は雨で運動場が使えませんでした。」
>
> じろう　「C組は，運動場と体育館での練習を，3日連続にはならないように決め
> ました。そして，運動場は2回とも使えました。」

〔練習日の決め方〕

> ○　運動場は1日に2組まで，体育館は1日に1組だけ使えます。
> ○　1つの組が，同じ日に運動場と体育館の両方を使うことはできません。
> ○　雨の場合，運動場は使えませんが，体育館は使えます。

ア　12月7日から11日までの期間で，C組が運動場を使った日はいつか，次の①〜
⑤の中から2つ選び，その番号を書きましょう。

　　①　7日　　　②　8日　　　③　9日　　　④　10日　　　⑤　11日

イ　12月7日から11日までの期間で，C組が体育館を使った日はいつか，次の①〜
⑤の中から1つ選び，その番号を書きましょう。

　　①　7日　　　②　8日　　　③　9日　　　④　10日　　　⑤　11日

（2）次の〔会話文２〕を読んで，あとのア，イの各問いに答えましょう。

〔会話文２〕

> ひかり　「3種目ともA組〜D組で，どの組とも1回ずつ試合をしましたね。」
> かなこ　「〔順位のつけ方〕に従って，各種目と総合の順位をつけましょう。」

令和４年度

神奈川県立中等教育学校入学者決定検査

適 性 検 査 Ⅱ

（４５分）

─────── 注　　意 ───────

1　「はじめ」の合図があるまで，この検査用紙を開いてはいけません。

2　問題は 問4 まであり，1ページから8ページに印刷されています。

3　問題をよく読んで，答えはすべて 解答用紙 の決められた欄に書きましょう。解答欄の外に書かれていることは採点しません。

4　字数の指定がある問題は，指定された字数や条件を守り，ていねいな文字で書きましょう。次の〔例〕のように，横書きで，最初のマスから書き始めます。段落をかえたり，マスの間をあけたりしないで書きます。文字や数字は1マスに1字ずつ書き，文の終わりには句点〔。〕を書きます。句読点〔。，〕やかっこなども1字に数え，1マスに1字ずつ書きます。

〔例〕

１	２	月	の	詩	の	テ	ー	マ	は
，	「	冬	の	朝	」	だ	っ	た	。

5　「やめ」の合図があったら，途中でも書くのをやめ，筆記用具を机の上に置きましょう。

　　かなこさんのクラスでは，学級活動で議論の目的やそのやり方について学習しています。次の〔会話文〕を読んで，あとの（1），（2）の各問いに答えましょう。

〔会話文〕

先生	「今日は，議論の目的やそのやり方について，〔資料〕を使って学習します。そのことをもとに，次回は『よりよいクラスにするために，学級目標を考えよう。』というテーマで班ごとに議論し，学級目標の案を考えます。」
かなこ	「〔資料〕には，議論を通して学べることが書かれています。」
たろう	「わたしたちのクラスでも，取り入れたいことがあります。」

〔資料〕

　学校ではよく「班」をつくって議論したことを発表したり，みんなで意見をまとめたりします。（中略）

　たとえばメンバーのひとりがあるテーマで書いた作文をメンバー全員で議論して，作文のよいところ，悪いところを注1)指摘します。次にその意見に従って書き直した作文を，ほかの班にわたして注2)添削してもらいます。ここでまた議論がはじまるのです。

　かれらは，議論を通して世の中には異なる意見がいくつもあることを知り，それを受け入れながら改善していくことの大切さを学びます。（中略）

　班活動で議論することが多い注3)フィンランドですが，数年前，議論する際のルールを小学校5年生が考えたことで話題になりました。

　それが次の10注4)項目です。

> 1　他人の発言をさえぎらない
> 2　話すときは，だらだらとしゃべらない
> 3　話すときに，おこったり泣いたりしない
> 4　わからないことがあったら，すぐに質問する
> 5　話を聞くときは，話している人の目を見る
> 6　話を聞くときは，ほかのことをしない
> 7　最後まで，きちんと話を聞く
> 8　議論が台なしになるようなことをいわない
> 9　どのような意見であっても，まちがいと決めつけない
> 10　議論が終わったら，議論の内容の話はしない

　なかなかよく考えられたルールです。会議室にもはっておきたいくらいです。とくに3は，大人の会議でも注5)感情的になってしまう人がいるので，よい答えを導くための議論だということを頭に置いて，冷静に話し合いたいものです。また，8，9もとてもよいルールです。相手を否定してもなにも生まれません。（中略）

　だれかとふたりでもいいですし，何人かのグループでもかまいません。議論するときにぜひためしていただきたいことがあります。

　たとえば「勉強と注6)部活，どちらが大切か」というテーマで議論します。

あなたは「部活」と思っていて，もうひとりは「勉強」，あるいはあなたと何人かが「勉強」と思っていて，ほかの何人かは「部活」と思っていたとします。

　そこで議論をかわし，しばらくしたら両者の意見を逆にするのです。「部活」と思っていた人は「勉強」，「勉強」と思っていた人は「部活」と意見を変え，注7)ディスカッションします。

　これはどういうことかというと，相手の立場になって考える練習です。（中略）

　あえて自分とは反対の意見でディスカッションすると，注8)客観的に自分の考えが見えてきます。

（『13歳からの読解力』山口謠司著　ＰＨＰ研究所より　※一部表記を改めたところがある。）

注1)指摘：問題となるところを，とくに取り上げて示すこと。
注2)添削：作文や答案などを，書き加えたり，けずったりして，直すこと。
注3)フィンランド：ヨーロッパの北部にある国。
注4)項目：内容がわかりやすくなるように，ここでは，1～10に分けたもの。
注5)感情的：気持ちの変化が激しく，それが顔や態度に出やすい様子。
注6)部活：運動や文化などに興味をもつ子どもたちが，自主的に参加して行われる活動のこと。
注7)ディスカッション：話し合い。
注8)客観的：自分の考えにとらわれないで，ものごとを見たり考えたりする様子。

（1）〔資料〕から読みとれる内容として，あてはまるものを次の①～⑤の中からすべて選び，その番号を書きましょう。

①　班のメンバーのひとりが書いた作文のよいところや悪いところについて，同じ班のメンバーが議論をしてはいけない。

②　議論を通して，自分とは異なる意見がたくさんあることを知ることができる。

③　小学生は，議論をするときのルールを決めてはいけない。

④　議論では，おこったり泣いたりしながら話してはいけない。

⑤　「勉強と部活，どちらが大切か」というテーマでの議論を，グループで行ってもよい。

（2）次のア，イの各問いについて答えましょう。

ア　〔資料〕の「勉強と部活，どちらが大切か」というテーマで議論するとき，どのようなことをためせば，客観的に自分の考えが見えてきますか。〔資料〕の内容をふまえて，30字以上50字以内で書きましょう。

イ　あなたのクラスで，『よりよいクラスにするために，学級目標を考えよう。』というテーマで班ごとに議論し，学級目標の案を出すことになったとします。このとき，あなたはどのような案を出しますか。また，あなたの案とは異なる案を出した人がいたら，よりよい案となるように，どのように話し合いますか。これら2つのことについて，60字以上80字以内で書きましょう。

たろうさんとかなこさんは，実行委員として，それぞれが計画を考えている運動会の種目について話しています。次の（1），（2）の各問いに答えましょう。

（1）次の〔会話文1〕を読んで，あとのア，イの各問いに答えましょう。

〔会話文1〕

> たろう 「運動会のダンスの種目では，どのような速さの曲に合わせて，おどるのですか。」
>
> かなこ 「4分の4拍子で，1分間に4分音符を120回打つ速さで演奏される曲に合わせて，おどります。その曲の説明を〔メモ〕にかきました。」
>
> たろう 「その曲に合わせて，どのような工夫をするのですか。」
>
> かなこ 「〔表1〕のように，曲は全部で122小節あります。その曲の小節に合わせて，場面は，移動，おどり①，移動，おどり②，移動，おどり③の順番で変わります。おどり①とおどり③は，1組〜3組が同じ動きをします。おどり②は，〔表2〕のように，1組〜3組がそれぞれの動きをします。」

〔メモ〕おどる曲の拍子と1拍を演奏するのにかかる時間

> ○ おどる曲は4分の4拍子です。♩を1拍とし，4拍で1小節です。
>
> ○ おどる曲の1拍を演奏するのにかかる時間は，1分間に4分音符を120回打つという速さをもとにして決まります。

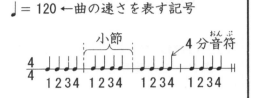

〔表1〕曲の小節と場面

小節	1〜12	13〜53	54〜56	57〜81	82〜88	89〜122
場面	移動	おどり①	移動	おどり②	移動	おどり③

〔表2〕1組〜3組それぞれの順番とおどりの動き

1組	順番	1	2	3
	動き	A	B	C

2組	順番	1	2	3	4
	動き	A	B	A	C

3組	順番	1	2	3	4	5	6
	動き	A	A	B	A	A	C

> ※ 1つの小節に合わせた動きA，動きB，動きCの3つの動きがあり，そのうちの1つの動きを小節ごとにおどります。1組〜3組は，表の順番どおりに動き，どの組も動きCが終わったら，順番1の動きAにもどり，同じ順番で動きをくり返します。

ア 〔表1〕のおどり①の時間とおどり③の時間の合計は何分何秒か，解答欄の[　]にあてはまる数を書きましょう。

イ 〔表1〕のおどり②で，1組〜3組の動きが，すべて同じとなる小節は何回あるか，書きましょう。

（2）次の〔会話文2〕を読んで，あとのア，イの各問いに答えましょう。

〔会話文2〕

かなこ	「たろうさんは，どのような種目の計画をしているのですか。」
たろう	「学校ができて20周年を祝う種目の計画をしています。〔図1〕と〔図2〕のように縦7マス，横17マスの合計119マスで文字を表現します。」
かなこ	「〔図1〕は20年めにあたる2022年のことを表し，〔図2〕は20年めを英語で20thと表したのですね。これらをどのようにして観客に見せるのですか。」
たろう	「1人1枚ずつ段ボールを持った119人が，〔図1〕と〔図2〕のマスと同じように，縦7人，横17人で並び，その段ボールを観客席に向けることで，見てもらいます。並んだ119人は最後まで，その場を動きません。」
かなこ	「1枚ずつ持つ段ボールは，どのように作るのですか。」
たろう	「段ボールは，すべて同じ大きさの正方形で，マスの模様を表す□，■，▨の紙をはって作ります。」
かなこ	「だれがその段ボールを作るのですか。」
たろう	「段ボールを持つ人が自分の分を作ります。段ボールの表の面に〔図1〕で担当するマスの模様の紙をはり，裏の面に〔図2〕で担当するマスの模様の紙をはります。」
かなこ	「だれの合図で，紙をはった段ボールの表の面や裏の面を観客席に向けるのですか。」
たろう	「わたしが出す合図です。全員が，1回めの合図で〔図1〕となる表の面を観客席に向け，2回めの合図で段ボールを下ろします。そして，3回めの合図で〔図2〕となる裏の面を観客席に向けます。」

〔図1〕段ボールの表の面で表現したとき　〔図2〕段ボールの裏の面で表現したとき

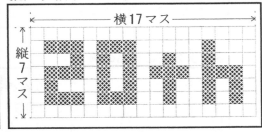

ア　1回めの合図で観客席に向ける表の面と，3回めの合図で観客席に向ける裏の面が同じ模様の段ボールを持つ人は何人か，書きましょう。

イ　表の面が■で，その裏の面が▨の段ボールは119枚のうち何枚あるか，書きましょう。

-4-

　　かなこさんとたろうさんは，図画工作の授業で，木材の作品について話しています。次の〔会話文〕を読んで，あとの（1），（2）の各問いに答えましょう。

〔会話文〕

かなこ	「〔工作の計画〕に従って，〔図1〕のような木材の作品を作ります。」
たろう	「Aの部分は，必要な分の棒を積み重ねて作り，Bの部分は，わくを4個作ってから組み立てるのですね。いずれもぴったりくっつける必要がありますね。」
かなこ	「そうです。Bの部分に合わせたCの板の上に，Aの部分を置いて完成です。必要な工作の材料の本数や，作品の大きさを求めましょう。」

〔工作の計画〕

○　木材の作品のAの部分とBの部分には，〔図2〕のような工作の材料を使います。Aの部分に使う棒は，すべて〔図2〕の木材の，20cmの辺の長さを5等分にしたものです。また，Bの部分に使う棒は，すべて〔図2〕の木材の，20cmの辺の長さを4等分にしたものです。

○　Aの部分は，〔図3〕の①〜④の順に組み立てます。まず，①のように正八角形の紙を平らな台の上に置き，②のように棒4本をその紙の上に置きます。次に，③のように棒4本をその紙の面に対して平行に積み重ね，④のように高さが14cmになるまで積み重ねます。このとき，①の正八角形の1辺の長さは，②で使う棒1本の長さよりも短いものとします。

○　Bの部分は，〔図4〕の⑤，⑥の順に組み立てます。まず，⑤のように棒4本を使い，4つの角が直角で，わくの高さとわくのはばが等しい1個のわくを4個作ります。次に，それら4個のわくを台に対して垂直に立て，さらに，4個のわくを⑥のように真上から見たとき，4つの角が直角で縦の長さと横の長さが等しい四角形となるように組み立てます。

○　Cの板は，縦の長さと横の長さがBの真上から見た部分と同じ大きさの板で，⑦のように真上から見たとき，Bの部分とぴったり重なるように組み立てます。

〔図1〕木材の作品の例

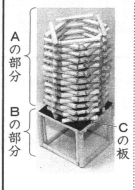

| | ここでのAの部分と〔図3〕の④で組み立てるAの部分との高さは異なっています。それ以外の大きさは同じです。 |

Aの部分
Bの部分
Cの板

〔図2〕Aの部分とBの部分の工作の材料

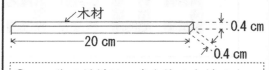

木材　0.4cm　20cm　0.4cm

○　工作の材料は，直方体の木材です。
○　工作の材料の数値は，それぞれの辺の長さを示しています。
○　Aの部分とBの部分を組み立てるために，この木材を必要な分だけ用意します。

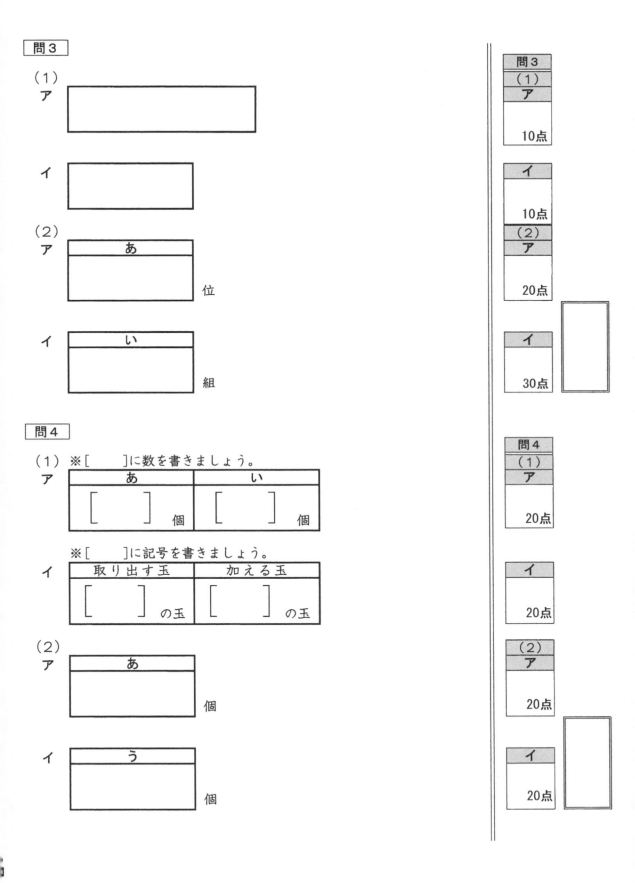

問3

（1）
ア

イ

（2）
ア　あ
　　　　　　　　　位

イ　い
　　　　　　　　　組

問4

（1）※ [　　　]に数を書きましょう。
ア　あ　　　　　　い
　　[　　　]個　　[　　　]個

※ [　　　]に記号を書きましょう。
イ　取り出す玉　　加える玉
　　[　　　]の玉　[　　　]の玉

（2）
ア　あ
　　　　　　　　　個

イ　う
　　　　　　　　　個

問3
（1）
ア
10点

イ
10点

（2）
ア
20点

イ
30点

問4
（1）
ア
20点

イ
20点

（2）
ア
20点

イ
20点

問2

（1）※［　　］に数を書きましょう。

ア
［　　　　］分［　　　　］秒

イ
回

（2）
ア
人

イ
枚

問3

（1）
本

（2）
ア
cm

イ
cm²

問4

（1）
マス

（2）
ア
枚

イ

3番め	5番め

問2
（1）
ア

20点

イ

20点

（2）
ア

10点

イ

20点

問3
（1）

20点

（2）
ア

20点

イ

30点

問4
（1）

20点

（2）
ア

30点

イ

30点

適 性 検 査 Ⅱ 解 答 用 紙 （令和4年度）

受 検 番 号	氏 名

問 1

（1）

（2）※表紙の ―― 注 意 ―― の4をよく読んで書きましょう。
　　　なお，この**ア**，**イ**の問題は，ひらがなやカタカナのみで
　　　書いてはいけません。

ア

30

50

イ

60

80

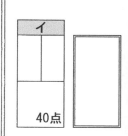

適 性 検 査 Ⅰ 解 答 用 紙 （令和4年度）

※300点満点

受 検 番 号	氏　　　名

問1

（1）

（2）
ア
通り

イ
km

問2

（1）
ア
g

イ

立方体A	立方体B
g	g

（2）
ア
お
g

イ
か
g

2022(R4) 神奈川県立中等教育学校
Ⓚ教英出版

【解答用

下の欄には記入しない

問1
（1）
30点
（2）
ア
10点
イ
30点

問2
（1）
ア
20点
イ
20点
（2）
ア
20点
イ
20点

〔図3〕 Aの部分の組み立て方

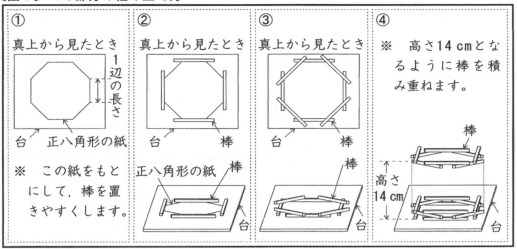

〔図4〕 Bの部分とCの板の組み立て方

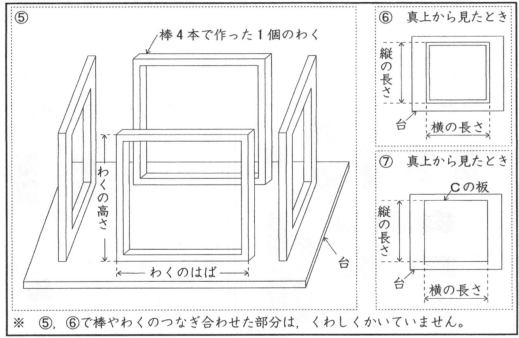

※ ⑤，⑥で棒やわくのつなぎ合わせた部分は，くわしくかいていません。

（1）かなこさんは，〔図2〕の工作の材料を必要な分だけ用意し，〔図3〕のようにA
　　の部分を組み立てました。このとき，使った工作の材料は何本か，書きましょう。

（2）次のア，イの各問いについて答えましょう。

　ア 〔図4〕の⑤のわくの高さは何cmか，書きましょう。

　イ 〔図4〕の⑦の真上から見たときのCの板の面積は何cm²か，書きましょう。

　　たろうさんとかなこさんは，買い物のゲームについて話しています。次の〔会話文1〕，〔会話文2〕を読んで，あとの（1），（2）の各問いに答えましょう。

〔会話文1〕

> たろう　「〔ルール〕に従って，〔図1〕にある材料を取る道順を考え，その道順を指示する〔カード〕を選んで，順番に並べます。」
>
> かなこ　「並べる〔カード〕の枚数は，選んだ〔カード〕によって変わりますね。」

〔ルール〕

> ○　〔図1〕のSのマスから の中の矢印（⇨）の方向にだけ進む をスタートさせ， のマスまで1マスずつ進ませます。〔図2〕のように， の向きを変えただけでは，次のマスに進ませることはできず，■ は通れません。 を のマスにちょうど着くよう，〔カード〕を必要な分だけ使い指示をします。
>
> ○　〔図3〕の（メモ1）～（メモ4）の中から選んだメモにある材料だけを取るように， を進ませます。材料の置いてあるマスを通ったら，その材料を取ったことになります。1回通ったマスを再び通ることはできませんが，それぞれの買い物で， を のマスまで進ませると，材料や の位置が〔図1〕の状態にもどり，再び通れるようになります。

〔図1〕

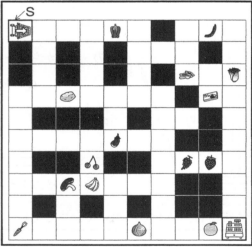

〔図2〕 の向きの変え方

向きの変え方	変える前	変えた後
右 のカードで，右に変えるとき		
左 のカードで，左に変えるとき		

をAからCに進ませるときの例

 をAからBに進ませ，向きを変えます。それから，Cに進ませます。

〔カード〕道順を指示するカード

あ　1,2,3,4,5,6,7,8,9は，カードにかかれた数と同じ数だけ を動かします。

い　右,左は，向きをそれぞれ右，左に変えます。

う　2 □ などのくり返しのカード

　　例　2 1左1右 にかかれた数の分だけくり返すので，1左1右 の指示を2回くり返します。

〔図3〕買い物メモ

（メモ1）	🍓, 🌶
（メモ2）	，，，，ピーマン，，なす
（メモ3）	🍌，🍎，🍒
（メモ4）	🧅，，，，🥔

※　（メモ1）～（メモ4）にあるものが材料です。

※　メモにある順に材料を取らなくてもよいものとします。

〔会話文２〕

> たろう 「〔図３〕の（メモ１）の材料を取る道順を〔図４〕のように矢印（--->）
> でかき，を18マス進ませました。わたしは，その道順を指示するた
> め，〔カード〕の⑤を使わない〔図５〕にある並べ方にしました。」
>
> かなこ 「わたしは，たろうさんと同じ道順で，〔カード〕の⑤を使う〔図５〕に
> ある並べ方にしました。2人のカードの枚数の差は3枚になりますね。」

〔図４〕

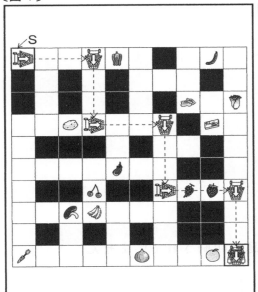

〔図５〕指示の出し方の例と並べ方

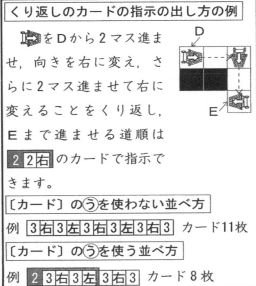

> くり返しのカードの指示の出し方の例
>
> 　をＤから２マス進ま
> せ，向きを右に変え，さ
> らに２マス進ませて右に
> 変えることをくり返し，
> Ｅまで進ませる道順は
> ２ ２右 のカードで指示で
> きます。
>
> 〔カード〕の⑤を使わない並べ方
> 例 3右3左3右3左3右3 カード11枚
> 〔カード〕の⑤を使う並べ方
> 例 2 3右3左 3右3 カード 8 枚

（１）この買い物のゲームをするとき，〔図３〕の（メモ２）の材料を取る道順では，
を何マス進ませるか，書きましょう。ただし，Ｓのマスは数えないものとします。

（２）この買い物のゲームをするとき，次の**ア**，**イ**の各問いに答えましょう。

ア 〔図３〕の（メモ３）の材料を取る道順を指示する〔カード〕を並べるとき，た
ろうさんが⑤を使わずに17枚の〔カード〕を並べ，かなこさんは⑤を使い，1番
枚数が少なくなるように〔カード〕を並べました。このとき，たろうさんが並べ
た枚数からかなこさんが並べた枚数をひいた枚数の差は何枚か，書きましょう。

イ かなこさんは，〔図３〕の（メモ４）の材料を取る道順について，次の①～⑧の
カードの番号の中から7つ選び，それらを順番に並べることで指示をしました。
このとき，3番めと5番めに並べたカードの番号を，次の①～⑧の中から選び，そ
れぞれ書きましょう。

① 6　　② 1右　　③ 3左　　④ 2 2右

⑤ 2 3右　　⑥ 3 6左　　⑦ 3 2右　　⑧ 2 1左1右

※問題は，これで終わりです。

このページには，問題は印刷されていません。

このページには，問題は印刷されていません。

たろう　「わたしは，〔表〕の[1]，[2]のように結果をメモしてきました。」

ひかり　「〔表〕の[2]から，D組はドッジボールが[あ]位だとわかります。」

じろう　「〔表〕の[1]，[2]を見ると，C組はがんばっていると思います。バスケットボールの試合結果で総合の順位はどうなりますか。」

たろう　「バスケットボールの試合の結果に同じ順位となる場合がなければ，C組が1位または2位のときと，C組が3位でも[い]組が1位にならないときに，C組だけが総合で1位になります。」

〔順位のつけ方〕

○　各種目の順位は，勝ち点の合計の高い順に1位〜4位とします。試合をして，勝った組の勝ち点は3点，負けた組の勝ち点は0点とします。引き分けの場合は，両方の組の勝ち点を1点とします。2つの組の勝ち点の合計が同じ場合，それらの組どうしの試合結果で，勝った組を上位の順位とします。その結果が引き分けなど，順位が決められない場合は，同じ順位とします。

○　総合の順位は，各種目の順位の合計が少ない順に1位〜4位とします。順位の合計が同じ場合は，同じ順位とします。

○　各種目の順位や総合の順位をつけるときに，同じ順位の組がある場合，それらの組より下位になる組の順位は，上位にある組の数に1を加えた数とします。

　例　上位の3つの組が同じ順位で1位のとき，下位の組は4位となります。

〔表〕試合結果のメモ

[1]　サッカーの結果			[2]　ドッジボールの結果		
第1試合	第2試合	第3試合	第1試合	第2試合	第3試合
Ⓐ対B	A対D	A対C	A対B	A対Ⓒ	A対Ⓓ
Ⓒ対D	Ⓑ対C	B対Ⓓ	C対D	Ⓑ対D	B対Ⓒ

※　[1]，[2]の見方

○　AはA組，BはB組，CはC組，DはD組を表します。

○　記号◇がどちらかにかかれている場合は，◇がかかれている方が勝ち，そうでない方が負けを表します。

　例　Ⓐ対Bは，A組が勝ち，B組が負けを表します。

○　記号◇がどちらにもかかれていない場合は，引き分けを表します。

　例　A対Bは，A組とB組が引き分けを表します。

ア　〔会話文2〕の[あ]にあてはまる数を書きましょう。

イ　〔会話文2〕の[い]にあてはまるものはどれか，記号A，B，Dの中から1つ選び，その記号を書きましょう。ただし，AはA組，BはB組，DはD組とします。

問4 　かなこさんとたろうさんは，算数の授業で，自分たちが考えた問題に取り組んでいます。次の（1），（2）の各問いに答えましょう。

（1）次の〔会話文1〕を読んで，あとのア，イの各問いに答えましょう。

〔会話文1〕

> かなこ 「わたしの問題では，まず，ふくろを1つと，3種類のAの玉，Bの玉，Cの玉をそれぞれ10個用意して，ふくろの中に3種類すべての玉が入るように合わせて10個入れました。この状態をはじめの状態ということにし，そこから玉を取り出したり，加えたりしたことと，〔式〕を使って計算した結果から，ふくろの中に入っている玉の種類と個数を考えてもらいます。」
>
> たろう 「わかりました。はじめの状態で計算した結果はいくつですか。」
>
> かなこ 「計算結果は4でした。そこから，玉を取り出したり，加えたりを2回したときのふくろの中の玉の状態と，そのときの計算結果を〔表〕にまとめました。」
>
> たろう 「〔表〕の①がはじめの状態で，そこから②，③の順に玉を取り出したり，加えたりしたのですね。〔表〕から考えると，①の玉の種類と個数は，Aの玉が あ 個，Bの玉が い 個，Cの玉が う 個ですね。」
>
> かなこ 「そのとおりです。それでは，さらに考えてもらいたいことがあります。〔表〕の①の状態から，どの玉を1個取り出し，どの玉を1個加えたら計算結果が1になるかを考えてください。」

〔式〕かなこさんが考えた計算のやり方

> ふくろに入っているAの玉の数をBの玉の数でわり，商は一の位まで求め，このときのわり算のあまりにCの玉の数をかけます。ただし，わられる数がわる数より小さいときは商を0とします。また，わり切れたときはあまりを0とします。

〔表〕はじめの状態と，玉を取り出したり，加えたりしたときの計算結果

ふくろの中の玉の状態	① Aの玉，Bの玉，Cの玉が合計10個入った状態	② ①からAの玉を2個取り出し，Cの玉を2個加えた状態	③ ②からAの玉を1個取り出し，Cの玉を1個加えた状態
計算結果	4	0	10

ア 〔会話文1〕の あ ～ う のうち， あ と い にあてはまる数を，解答欄のあといの[　]にそれぞれ書きましょう。

イ 〔会話文1〕の下線部「計算結果が1になる」ことについて考え，取り出す玉の種類と加える玉の種類を，記号A，B，Cの中から1つずつ選び，解答欄の取り出す玉と加える玉の[　]にあてはまる記号をそれぞれ書きましょう。ただし，AはAの玉，BはBの玉，CはCの玉とします。

（2）次の〔会話文２〕を読んで，あとの**ア，イ**の各問いに答えましょう。

〔会話文２〕

> たろう 「わたしの問題では，〔図１〕の４種類の立体をそれぞれ必要な分だけ用意して，大きな直方体の組み立て方を考えてもらいます。」
>
> かなこ 「〔図２〕の直方体は，立方体Ａを１個，直方体Ｃを３個，立方体Ｄを６個，合計で10個の立体を使って組み立てることができました。」
>
> たろう 「〔図２〕の組み立て方は何通りもあり，その中で，使う立体の個数の合計が１番多くなるのは，立方体Ｄだけを45個使ったときです。では，使う立体の個数の合計が１番少なくなるのは，合計何個のときですか。」
>
> かなこ 「立方体Ａを１個，立方体Ｂを１個，直方体Ｃを２個，立方体Ｄを２個，合計６個のときです。」
>
> たろう 「そのとおりです。次の問題です。〔図３〕の直方体を組み立てるときに，使う立体の個数の合計が１番少なくなるのは，合計何個のときですか。」
>
> かなこ 「使う立体の個数の合計が１番少なくなるのは，合計 あ 個のときです。」
>
> たろう 「そのとおりです。最後の問題です。〔図３〕を組み立てるときに，立方体Ｄを使う個数が１番少なくなる組み立て方の中で，使う立体の個数の合計が１番少なくなるのは，合計何個のときですか。」
>
> かなこ 「立方体Ｄを い 個使うときが，立方体Ｄを使う個数が１番少なくなる組み立て方です。その中で，使う立体の個数の合計が１番少なくなるのは，合計 う 個のときです。」
>
> たろう 「そのとおりです。」

〔図１〕４種類の立体

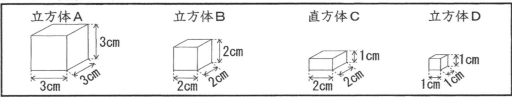

〔図２〕直方体（その１）　　〔図３〕直方体（その２）

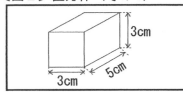 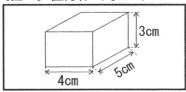

ア 〔会話文２〕の あ にあてはまる数を書きましょう。

イ 〔会話文２〕の い ， う のうち， う にあてはまる数を書きましょう。

※問題は，これで終わりです。

このページには，問題は印刷されていません。

このページには，問題は印刷されていません。

令和３年度

神奈川県立中等教育学校入学者決定検査

適 性 検 査 Ⅰ

（４５分）

──── 注　　意 ────

1　「はじめ」の合図があるまで，この検査用紙を開いてはいけません。

2　問題は 問４ まであり，１ページから８ページに印刷されています。

3　問題をよく読んで，答えはすべて 解答用紙 の決められた欄に書きましょう。解答欄の外に書かれていることは採点しません。

4　字数の指定がある問題は，指定された字数や条件を守り，ていねいな文字で書きましょう。次の〔例〕のように，横書きで，最初のマスから書き始めます。段落をかえたり，マスの間をあけたりしないで書きます。文字や数字は１マスに１字ずつ書き，文の終わりには句点〔。〕を書きます。句読点〔。，〕やかっこなども１字に数え，１マスに１字ずつ書きます。

〔例〕

１	２	月	の	詩	の	テ	ー	マ	は
，	「	冬	の	朝	」	だ	っ	た	。

5　「やめ」の合図があったら，途中でも書くのをやめ，筆記用具を机の上に置きましょう。

　かなこさんの班では，箱根での校外学習について発表する準備をしています。
次の〔会話文〕を読んで，あとの（1），（2）の各問いに答えましょう。

〔会話文〕

先生	「『箱根八里』という歌に注目したのはなぜですか。」
かなこ	「校外学習の前に，音楽の授業できいて気になったからです。歌詞をもとに，箱根の山や箱根関所などについて事前に調べました。」
先生	「どのように発表しますか。」
たろう	「箱根に行ってわかったこととあわせてつくった〔発表用の資料〕をみんなに配って，発表したいと思います。」

〔発表用の資料〕箱根の歴史について

「箱根八里」（歌詞の一部）

　　はこねのやまは　てんかのけん　かんこくかんも　ものならず

　　ばんじょうのやま　せんじんのたに　まえにそびえ　しりえにさそう

　　（中略）

　　いっぷかんにあたるや　ばんぶもひらくなし

箱根の山

　下線部「はこねのやまは　てんかのけん」とは，「箱根の山は，とても険しい」という意味です。箱根の山は，1つの山ではなく複数の山が集まって形成されていて，神奈川県の西部にあります。江戸時代，箱根の山道を通る小田原注1)宿（神奈川県）から三島宿（静岡県）までの約32kmの道のりは，箱根八里とよばれ，江戸（東京都）と京都を結ぶ東海道の中でも難所とされていました。現在，この道の一部は，箱根旧街道として知られています。箱根の山の険しさがよくわかるのが，注2)箱根駅伝のコースで，箱根八里とは異なる道のりですが，選手は高低差800m以上の坂道を走ってゴールをめざします。平成9年から往路の優勝校におくられているトロフィーは，〔写真1〕のように箱根寄木細工でつくられています。

箱根寄木細工

〔写真1〕トロフィー

　箱根寄木細工は，江戸時代末期ごろから，箱根旧街道沿いにある現在の箱根町畑宿でつくられるようになったといわれています。箱根の山には木の種類が豊富にあったことや，東海道を行き交う人，箱根への温泉客が増加したことによって，おみやげとして生産が活発になりました。

箱根関所

　下線部「いっぷかんにあたるや　ばんぶもひらくなし」とは，「一人が関所を守れば，大勢の人でも破ることはできない」という意味です。関所とは，江戸を守るために人や武器の出入りを調べたところです。江戸幕府は，全国53か所あまりに関所を設置しました。箱根関所は，箱根八里の真ん中あたりにつくられ，江戸から京都方面に向かうときには，手形という通行証がなければ通れないこともありました。

箱根関所の工夫

　江戸時代，役人のいうことをきかず強引（ごういん）に関所を通ってしまったり，関所をさけて山の中をぬけてしまったりする関所破りは，大きな罪でした。〔写真２〕のような箱根関所の建物は，湖と山にはさまれた場所にありました。江戸時代には，旅人が湖をわたることは禁止され，また，山をぬけられないよう，柵（さく）が建物の周りだけでなく湖の中から山の頂上にまではりめぐらされていたといわれています。さらに，「関所守り村」が設置され，村人には，道を外れるあやしい人を見かけたら報告する義務がありました。

〔写真２〕復元された箱根関所

（参考資料）
・神奈川歴史散歩の会『神奈川ふるさと歴史散歩』
・ＮＨＫ「ブラタモリ」制作班『ブラタモリ14箱根　箱根関所　鹿児島（かごしま）　弘前（ひろさき）　十和田湖（とわだこ）・奥入瀬（おいらせ）』KADOKAWA
・箱根関所通行手形（パンフレット）　　・『わたしたちの神奈川県（令和元年版）』

注1)宿（しゅく）：ここでは，東海道沿いにある，旅人が泊（と）まったり休んだりする施設（しせつ）が集まっている場所。
注2)箱根駅伝：東京箱根間往復大学駅伝競走のこと。東京の大手町（おおてまち）をスタートし，箱根の芦ノ湖（あしのこ）を折り返し地点として，一日めに往路，二日めに復路を走る。

（１）〔発表用の資料〕の内容として，あてはまるものを次の①〜⑥の中からすべて選び，その番号を書きましょう。

① 箱根の山は，神奈川県の西部にあり，複数の山で形成されている。
② 箱根八里は，箱根の山道を通る，約32kmの道のりである。
③ 箱根駅伝で，選手が箱根の山道を走る道のりは，800mである。
④ 箱根関所は，険しい箱根の山道を旅する人が休息する場所として設置された。
⑤ 江戸（えど）時代，箱根関所は江戸と京都を結ぶ道のりの真ん中あたりにつくられた。
⑥ 江戸（えど）時代，箱根関所の周辺には湖の中から山頂まで柵（さく）があったといわれている。

（２）かなこさんは，〔発表用の資料〕の内容をもとに，発表に向けて，次の〔まとめ〕を書いています。　　ア　　にあてはまる内容を7字以上9字以内で書き，　　イ　　にあてはまる内容を15字以上20字以内で書きましょう。

〔まとめ〕

　「箱根八里」の歌詞にあるように，箱根の山はとても険しく，箱根八里とよばれた道のりは，江戸（えど）時代，東海道の中でも難所といわれました。現在はその一部が箱根旧街道として知られ，その街道沿いにある箱根町畑宿では，　　ア　　が江戸（えど）時代末期ごろから行われるようになったといわれています。また，箱根関所の設置とともに「関所守り村」も設置され，　　イ　　ために，その村の村人には道を外れるあやしい人を見かけたら報告する義務がありました。現在，箱根関所は復元され，当時の様子を知ることができます。

かなこさんとたろうさんは，6年生の家庭科の授業で，弁当箱の容量を調べています。次の〔会話文〕を読んで，あとの（1），（2）の各問いに答えましょう。

〔会話文〕

かなこ	「わたしが持っている弁当箱の容量は〔メモ1〕のとおりでした。」
たろう	「わたしが持っている弁当箱には容量の表示がなかったので，内側の長さや深さを測って〔メモ2〕に書きました。容量は，内側の体積を求めて，単位を cm^3 からmLにするだけで求められるのでしたね。」
先生	「ところで，弁当箱の容量には〔表〕のようなめやすがあります。」
かなこ	「わたしは，中学生になって弁当箱を使うときは，今持っている弁当箱を使いたいと思っていましたが，〔表〕を見ると容量が足りません。あわせて使うための 150 mL分の容器を別に用意します。」
たろう	「わたしは，中学生の男子のめやすに合うように，持っている弁当箱とあわせて使う容器を家で探してみます。」
先生	「ごはんやおかずをどんな割合で弁当箱に入れるかも大切なのですが，今回は容量を調べましょう。容器が円柱の形をしている場合，『半径×半径×円周率』で求めた底面積に，深さをかければよいですね。」
たろう	「わたしは，容器を見つけたら，弁当箱と容器を入れられるきんちゃく袋をつくりたいと思っています。」

〔メモ1〕かなこさんの弁当箱

容器のうらに「容量650 mL」と書いてありました。

〔メモ2〕たろうさんの弁当箱

容器（直方体）の内側の長さや深さ
縦8 cm，横20 cm，深さ4 cm

〔表〕弁当箱の容量のめやす　　　※体の大ささや，運動する量によっても増減します。

	女子	男子
小学校5・6年生	700 mL	800 mL
中学生	800 mL	900 mL

（針谷順子『子ども・成長・思春期のための料理選択型食教育　食育プログラム第3版』より作成）

（1）かなこさんとたろうさんは，それぞれ持っている弁当箱に，どの大きさの容器をあわせて使うとよいでしょうか。中学生の弁当箱の容量のめやすにあうように，次の①〜⑤の中から最もあてはまるものを，それぞれ1つずつ選び，その番号を書きましょう。ただし，容器には，その容量の分をちょうど入れるものとします。直径や深さ，長さは容器の内側のものとし，円周率は3.14として計算しましょう。

① 底面が直径5 cmの円で，深さ4 cmの円柱の形をした容器
② 底面が直径6 cmの円で，深さ4 cmの円柱の形をした容器
③ 底面が直径7 cmの円で，深さ4 cmの円柱の形をした容器
④ 縦5 cm，横11 cm，深さ4 cmの直方体の形をした容器
⑤ 縦5 cm，横13 cm，深さ4 cmの直方体の形をした容器

（2）たろうさんは，弁当箱を入れるために〔完成図〕のようなきんちゃく袋をつくることにしました。〔材料〕を使い，〔つくり方〕に従ってつくるとき，〔材料〕にある布Ａの ア と布Ｂの イ にあてはまる数を，それぞれ書きましょう。

〔完成図〕

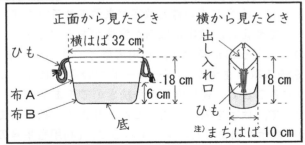

正面から見たとき　　横から見たとき

横はば32cm

ひも
布Ａ
布Ｂ
底
18cm
6cm

出し入れ口
ひも
18cm
注）まちはば10cm

注）まち：かばんやふくろの厚みのこと。

〔材料〕

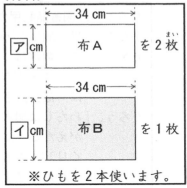

34cm
ア cm　　布Ａ　を2枚

34cm
イ cm　　布Ｂ　を1枚

※ひもを2本使います。

〔つくり方〕　　　線（………）：ぬうところ　　線（-----）：ぬったところ

① 布Ａ2枚と布Ｂ1枚を，ぬいしろ1cmでつなぎます。

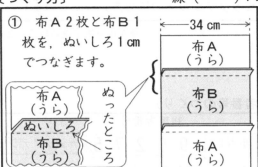

布Ａ（うら）
ぬいしろ
布Ｂ（うら）
ぬったところ

34cm
布Ａ（うら）
布Ｂ（うら）
布Ａ（うら）

② ①でぬった布をうらが見えるように，図のように半分に折り，ひもを通す部分を残して，線（………）をぬいます。
（ぬいしろは1cm）

布Ａ（うら）
布Ｂ（うら）
ぬうところ

③ 図のように布Ａの両はしを折ります。
（反対側も同じ）

布Ａ（うら）
布Ｂ（うら）

④ 出し入れ口を2cmずつ2回折り，線（………）をぬいます。

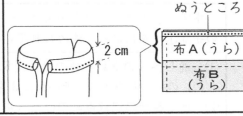

ぬうところ
2cm
布Ａ（うら）
布Ｂ（うら）

⑤ まちはばが10cmになるように，底の角を三角に引き出して，線（………）をぬいます。

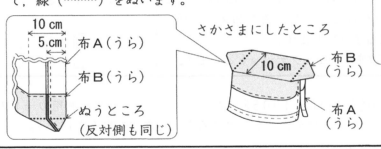

10cm
5cm
布Ａ（うら）
布Ｂ（うら）
ぬうところ
（反対側も同じ）

さかさまにしたところ

10cm
布Ｂ（うら）
布Ａ（うら）

袋をおもてにし，ひもを通したら完成です。

　　たろうさんとかなこさんは，中等教育学校の学校図書館の本を借りるときに使用する図書館利用カードについて，図書担当の先生と話しています。次の〔会話文1〕を読んで，あとの（1），（2）の各問いに答えましょう。

〔会話文1〕

たろう	「〔図書館利用カード〕には，氏名と黒い線と数字が表示されています。」
かなこ	「黒い線は注1)バーコードですよね。数字には何か意味があるのですか。」
先生	「この数字は，だれのカードなのかを示す，利用者番号を表しています。バーコードで数字を読み取りますが，バーコードが読み取れないときは，直接数字を入力することで，貸し出しの手続きができます。」
たろう	「わたしは図書委員なので，数字を入力したことがあります。数字をまちがえたときは，エラー表示が出ました。調べてみると，〔利用者番号のつくり〕にあるように，最後に入力する一番右側の数字は，その前に入力された注2)通し番号が正しいかを確かめる『チェックデジット』というものだとわかりました。そこで，その数字がどのように決められているのかについても調べて，〔チェックデジットの決め方〕にまとめました。」

注1)バーコード：数字などを線の太さや間隔のちがいで表したもの。専用の装置で読み取ることができる。

注2)通し番号：順番に割りふった個別の番号。

〔図書館利用カード〕

氏名　かながわ　たろう

1 9 0 2 7 5

〔利用者番号のつくり〕

利用者番号

通し番号　１９０２７５　チェックデジット

通し番号の５けため　　　１けため

〔チェックデジットの決め方〕

中等教育学校の図書館利用カードでは，利用者番号のチェックデジットは，次の手順①～④によって決められています。

① 通し番号の奇数番めのけた（5, 3, 1けため）の数の和を求め，その和に3をかけます。
② 通し番号の偶数番めのけた（4, 2けため）の数の和を出します。
③ ①と②でそれぞれ出た数の和を求めます。
④ ③で求めた数に1けたの数を加えて，10でわり切れるようにします。
※④で加えた数を，チェックデジットとします。

例　通し番号１９０２７の場合

① (1 + 0 + 7) × 3 = 24

② 9 + 2 = 11

③ 24 + 11 = 35

④ 35 + □ = 40

□ = 5　チェックデジット

（1）かなこさんの通し番号は「１９０５３」です。このとき，図書館利用カードの利用者番号のチェックデジットは何か，あてはまる1けたの数を書きましょう。

令和３年度

神奈川県立中等教育学校入学者決定検査

適 性 検 査 Ⅱ

（４５分）

―――― 注　意 ――――

1　「はじめ」の合図があるまで，この検査用紙を開いてはいけません。

2　問題は 問4 まであり，1ページから8ページに印刷されています。

3　問題をよく読んで，答えはすべて 解答用紙 の決められた欄に書きましょう。解答欄の外に書かれていることは採点しません。

4　字数の指定がある問題は，指定された字数や条件を守り，ていねいな文字で書きましょう。次の〔例〕のように，横書きで，最初のマスから書き始めます。段落をかえたり，マスの間をあけたりしないで書きます。文字や数字は1マスに1字ずつ書き，文の終わりには句点〔。〕を書きます。句読点〔。，〕やかっこなども1字に数え，1マスに1字ずつ書きます。

〔例〕

１	２	月	の	詩	の	テ	ー	マ	は
，	「	冬	の	朝	」	だ	っ	た	。

5　「やめ」の合図があったら，途中でも書くのをやめ，筆記用具を机の上に置きましょう。

たろうさんの班では，社会科の授業で，伝統野菜について調べたことを話し合っています。次の〔会話文〕を読んで，あとの（1），（2）の各問いに答えましょう。

〔会話文〕

たろう	「神奈川県の伝統野菜である津久井^{注1)}在来大豆は，生産量が少なく，幻の大豆といわれているそうです。大豆の^{注2)}需要量を〔表〕にまとめた結果，国産のものが少ないことがわかりました。」
かなこ	「〔資料１〕によると，伝統野菜は地産地消の面でも注目されているようです。神奈川県では，津久井在来大豆のほかに，三浦だいこんや多摩川なしなどもつくられています。」
たろう	「〔資料２〕，〔資料３〕を読んで，わたしたちが住んでいる地域の伝統的な品種を守ることが大切だと思いました。」

注1)在来：昔から存在していること。　　注2)需要量：必要な量。

〔表〕日本の大豆の需要量と自給率　　　　　　　　（単位：千t　※1t（トン）＝1000 kg）

	2013 年度	2014 年度	2015 年度	2016 年度	2017 年度
需要量	3012	3095	3380	3424	3573
需要量のうち食品用	936	942	959	975	988
食品用のうち国産のもの	194	226	237	231	245
食品用の自給率	20．7%	24．0%	24．7%	23．7%	24．8%

（農林水産省「令和元年度　食料・農業・農村白書」より作成　※一部表記を改めたところがある。）

〔資料１〕

　伝統野菜とは，その土地で古くからつくられてきたもので，採種をくり返していく中で，その土地の気候風土にあった野菜として確立されてきたもの。地域の食文化とも密接していました。野菜の^{注)}そろいが悪い，手間がかかる，という理由から，大量生産が求められる時代にあって生産が減少していましたが，地産地消がさけばれる今，その伝統野菜に再び注目が集まってきています。

（農林水産省「aff（2010年2月号）」より　※一部表記を改めたところがある。）

注)そろいが悪い：大きさや形がそろっていないこと。

〔資料２〕

　効率化が求められる時代にあって，つくりづらく手間がかかる伝統野菜をなぜ守ろうとするのか。（中略）気候変動への対策は世界中で取り組まれているものの，残念ながら効果のほどは^{注)}定かでなく，気候が変わっていくことを前提として適応していくことも重要となる。そうしたなか，さまざまな変化にさらされながら根づいてきた伝統野菜は，その土地その土地の風土に適した作物と育て方のヒントを与えてくれる。

（『伝統野菜の今』香坂玲　冨吉満之著より　※一部表記を改めたところがある。）

注)定か：明らか。

> 　わたしたちが食べている穀物（こくもつ）や野菜，注1)家畜（かちく）や注2)家禽（かきん）は，野生生物の中から，人間の利用に適した性質のものを選び，長い年月をかけて注3)品種改良をしてきたものです。（中略）伝統的な品種は，品種改良の過程で地域のかん境にあったものが選択（せんたく）されてきたという面ももっています。時として作物や家畜・家禽は，その品種が影響（えいきょう）を受けるかん境の変化や新たな病気などが起こると，一斉（いっせい）に被害（ひがい）を受ける危険性（きけんせい）をもっています。わたしたちが将来（しょうらい）にわたって安定して食糧（しょくりょう）を得ていくためには，こうした状況（じょうきょう）を想定して，注4)生物多様性や伝統的な品種を守り，目的とする品種改良を行うことのできる可能性を確保しておくことが必要です。（中略）生物多様性を守る取り組みは，将来世代にさまざまな道を選べる可能性を残すことを意味しています。その際，生きものは同じ種類であっても，地域によって注5)微妙（びみょう）に色や形，性質（こと）などが異なることから，各地域で生きものを守っていくことが重要です。

（愛知（あいち）県「あいち生物多様性戦略 2020」より　※一部表記を改めたところがある。）

注1)家畜（かちく）：人間が飼う牛，馬，ぶたなどの動物。
注2)家禽（かきん）：家で飼うにわとり，あひるなどの鳥。
注3)品種改良：新しくより良い品種をつくり出すこと。
注4)生物多様性：それぞれ異なる特性をもつ，さまざまな種類の生きものがいること。
注5)微妙（びみょう）に：細かく複雑なこと。

（1）〔表〕，〔資料１〕～〔資料３〕から読みとれる内容として，あてはまるものを次の①～⑤の中からすべて選び，その番号を書きましょう。

① 日本の食品用の大豆の需要（じゅよう）量は，2013 年度から 2017 年度にかけて減少している。
② 2013 年度から 2017 年度までの需要（じゅよう）量を見ると，日本で必要とされる食品用の大豆のうち，国産のものの割合（わりあい）は，どの年も 4 分の 1 以下である。
③ 伝統野菜は生産が減少していた時期もあったが，再び注目されるようになった。
④ どのような作物がその土地の風土にあっているか，どのようにその土地で育てればよいかということを，伝統野菜から知ることができる。
⑤ 同じ種類の生きものであれば，どの地域でも色や形，性質などは変わらない。

（2）次の２つのことについて，全体で 120 字以上 150 字以内で書きましょう。

・ 伝統的な品種を守ることが必要なのはなぜか，**かん境**と**安定**という２つの言葉を使い，〔資料３〕の内容をふまえて書きましょう。
・ 伝統的な品種を守るため，あなたはどのような行動をとるか書きましょう。未来の自分がとりたい行動について書いたり，生産者や消費者などの立場になって書いたりしてもよいものとします。

　　　かなこさんは，家で飼っているハツカネズミについて，たろうさんに話しています。次の〔会話文〕を読んで，あとの（1），（2）の各問いに答えましょう。

〔会話文〕

かなこ	「ハツカネズミの1日分のえさは10gくらいで，重さとしてはほんの少しだといえます。しかし，わたしが読んだ本をもとにつくった〔表〕を見ると，ハツカネズミはえさをたくさん食べる動物だともいえます。」
たろう	「たしかにそうですね。ところで，ハツカネズミが生きるのは1年から2年くらいだと聞いたことがあります。とても短いのですね。」
かなこ	「わたしもそう思っていましたが，〔資料〕を読んで，ちがう考えをもつようになりました。」

〔表〕

※1t（トン）＝ 1000 kg

	ハツカネズミ	ネズミ	ウサギ	イヌ	ブタ	ゾウ
体重	30 g	300 g	3 kg	30 kg	300 kg	3 t
1日分のえさの量の比較（ひかく）（ハツカネズミの場合を1としたとき）	1	5倍	25倍	129倍	649倍	3273倍

（『絵とき　ゾウの時間とネズミの時間』本川達雄（もとかわたつお）　福音館書店より作成）

〔資料〕

　ぼくたちの心臓（しんぞう）は，1分間に60～70回うつ。1秒にほぼ1回，ドキンとうつ注）かんじょうだ。ところが，ハツカネズミは1分間に600回近くうつ。0.1秒に1回。なんと10倍もはやく，ドキドキドキドキとうっている。ゾウは1分間に30回。ドキンとうつのに2秒もかかる。大きいものほど，ゆっくりと心臓はうっているんだ。息をスーハー出し入れする間隔（かんかく）は？これもそう。ハツカネズミは1回息を出し入れするのに0.4秒しかかからない。ゾウは8秒もかかる。（中略）

　体重がふえるにつれて，時間はゆっくり長くなる。ゆっくりになるなり方は，肺（はい）も心臓もおなじ。ほかの時間も，おなじようにゆっくり長くなっていく。（中略）

　ゾウはネズミより，ずっと長生きだけれど，一生のあいだに心臓がうつ回数は，ゾウもネズミもおなじなのだ。（中略）ネズミの一生は数年。ゾウはその何十倍も長く生きる。ネズミはすぐ死んでしまって，かわいそう？われわれの時計を使えばそうかもしれない。でも，もしそれぞれの動物の心臓が1回うつ時間を基準にすれば，ゾウもネズミも，まったくおなじだけ，生きて死ぬことになる。（中略）

　ネズミにはネズミの時間。ネコにはネコの時間。イヌにはイヌの時間。ゾウにはゾウの時間。動物たちには，それぞれにちがった自分の時間がある。それぞれの動物は，それぞれの時間の中で生きている。

（『絵とき　ゾウの時間とネズミの時間』本川達雄（もとかわたつお）　福音館書店より　※一部表記を改めたところがある。）
注）かんじょう：ここでは，回数を数えた結果。

（1）〔会話文〕，〔表〕，〔資料〕の内容としてあてはまるものを，次の①〜⑥の中からすべて選び，その番号を書きましょう。

① ハツカネズミは1日3回，1回に10gのえさを食べる。
② ハツカネズミは，ほかの動物に比べ，体重1gあたりのえさの量が多い。
③ ハツカネズミは，30日間で自分の体重とおなじ量のえさを食べる。
④ ハツカネズミが1日に食べるえさの量は，体重の3分の1である。
⑤ ハツカネズミの心臓が動き続ける時間は，ゾウの心臓が動き続ける時間の20倍である。
⑥ ハツカネズミが，1分間に息を出し入れする回数は約150回である。

（2）かなこさんは，〔資料〕を読んで考えたことを，次の〔かなこさんの考え〕のようにまとめました。　ア　と　イ　にあてはまる内容を，〔資料〕をふまえてそれぞれ8字以上10字以内で書きましょう。

〔かなこさんの考え〕

　ゾウとネズミのように体の大きさが異（こと）なると，心臓が　ア　回数にもちがいがありますが，心臓が　イ　回数は，おなじです。これらのことから考えると，大きな動物も小さな動物も，それぞれにちがった自分の時間の中で，おなじだけ生きていると考えられます。
　わたしは，飼っているハツカネズミが，わたしたちよりもずっと速く流れる時間の中で生きていることを意識して，えさやりを忘（わす）れずにすることや，飼育箱のそうじをこまめにすることを心がけたいと思います。

　　かなこさんは，工作用紙を用いた模型の家づくりについて，たろうさんに話しています。次の〔会話文〕を読んで，あとの（1），（2）の各問いに答えましょう。

〔会話文〕

かなこ	「〔組み立て方〕に従って，〔図1〕の 1 を折り， 2 の2階のゆかや〔図2〕の階段を取りつけると，2階建ての模型の家になります。」
たろう	「〔図1〕の 2 の ▉▉▉▉▉ の部分は，どのようになるのですか。」
かなこ	「模型の家は，組み立てると〔図3〕のようになるので，▉▉▉▉▉ がどこの部分になるのかわかります。」

〔組み立て方〕

○　〔図1〕の 1 と 2 は線（——）に沿って切り取ります。

○　1 の線（┄┄）と線（-・-）を折り目が直角になるように折ります。

○　2階のゆかは，2 の点Aが 1 の点あに，同じように，点Bが点いに，点Cが点うに，点Dが点えに，ぴったりと重なるように取りつけます。

○　階段は，〔図2〕の 3 の線（-・-）と線（┄┄）を折り目が直角になるように折り，4 のようにします。そして，点きが 2 の点Eに，点くが点Fに重なるように取りつけます。また，点けと点こが 1 の1階のゆかに，それぞれぴったりと重なるように取りつけます。

〔図1〕

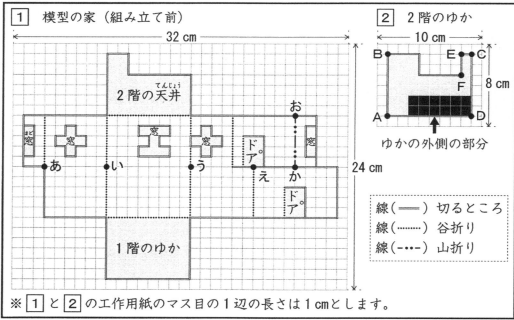

※ 1 と 2 の工作用紙のマス目の1辺の長さは1cmとします。

問2

(1)

かなこさん	たろうさん

(2)

ア	イ
cm	cm

※ 問3 , 問4 の答えを書く欄は，裏にあります。

受 検 番 号	氏 　 名

問3

(1)

(2)

ア

イ

問2

(1)

⬜（答えを書く欄）

(2)

ア
⬜（数直線の欄）　回数

（目盛り）8　10

イ
⬜（数直線の欄）　回数

（目盛り）8　10

受 検 番 号	氏　　　名

問3

下の欄には
記入しない

（1）

ア

イ

cm

（2）

枚

問3

（1）

ア

10点

イ

30点

（2）

30点

【解答用

<u>問4</u>

（1）※[　]に数を書きましょう。

[　　　] , [　　　]

（2）

ア　|　　　　　　通り

イ　|　　　　　　通り

適 性 検 査 Ⅱ　解 答 用 紙 （令和3年度）

受 検 番 号	氏　　　名

下の欄には
記入しない

300点

問 1

（1）

問 1

（1）

20点

（2）※表紙の ── 注　意 ── の4をよく読んで書きましょう。
　　　なお，この問題は，ひらがなやカタカナのみで書いては
　　　いけません。

120

150

（2）

60点

問4

（1）

ア

イ

1番め	2番め	3番め	4番め

（2）

ア

回

イ

周

適 性 検 査 Ⅰ 解 答 用 紙 （令和3年度）

下の欄には
記入しない

300点

受 検 番 号	氏 　 名

問 1

（1）

問 1
（1）

30点

（2）
ア

							7		9

（2）
ア

20点

イ

イ

20点

〔図２〕階段の組み立て前と後 〔図３〕模型の家の全体図

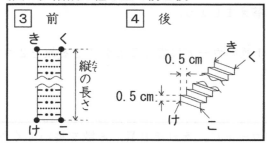

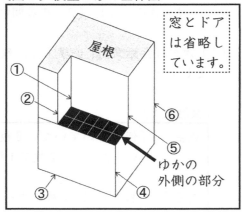

（１）次のア，イの各問いに答えましょう。ただし，組み立てた模型の家にはすき間が
なく，工作用紙の厚さは考えないものとします。

ア 〔図１〕の ①1 の点おと点かを結ぶ線（–･–）としてあてはまるものを，〔図３〕
の①～⑥の中から１つ選び，その番号を書きましょう。

イ 〔図２〕の ③3 の縦の長さは何cmか，書きましょう。

（２）かなこさんは，〔かざりの紙のはり方〕のようにして，２階の外側のかべすべてに，
〔図４〕のかざりの紙を重ならないようにすき間なくはることができました。このと
き，使ったかざりの紙は何枚か，書きましょう。

〔かざりの紙のはり方〕

○ かざりの紙は，２階の外側のかべ６面すべてにはりました。
○ かざりの紙は，〔図４〕の大きさのまま，重ならないようにすき間なくはりま
した。
○ かざりの紙は，横向きや縦向きにしたり，裏返したり，〔図５〕のように折っ
たりしてはりました。
○ かざりの紙は，窓とドア以外の部分にはりました。

〔図４〕かざりの紙 〔図５〕かざりの紙のはり方

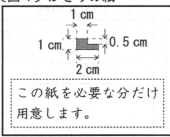

この紙を必要な分だけ
用意します。

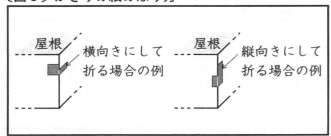

[問4] たろうさんとかなこさんは，算数の授業で，カードを使って学習をしています。次の（1），（2）の各問いに答えましょう。

（1）次の〔会話文1〕を読んで，残り1枚のカードに書くことができる数を2つ書きましょう。

〔会話文1〕

> 先生 「何も書いていない6枚のカードに，それぞれ異なる数を書いてください。ただし，2枚で1組になるように，自分で考えたきまりに従って書きましょう。」
>
> たろう 「わたしは，2枚のカードに書かれた大きい数から小さい数をひくと12になるきまりにしました。書いた数は，⑭と②，⑰と⑤，そして⑱です。残り1枚のカードの数は何かわかりますか。」
>
> かなこ 「その数は2つ考えられますね。」

（2）次の〔会話文2〕，〔会話文3〕を読んで，あとのア，イの各問いに答えましょう。

〔会話文2〕

> たろう 「かなこさんは，どのようなきまりにしたのですか。」
>
> かなこ 「2枚のカードに書かれた数をたすと12の倍数になるようにしました。書いた数は，②と⑩，④と⑧，⑪と⑬です。この6枚のカードを使ったゲームを考えたので，〔ルール〕に従ってやってみましょう。」

〔ルール〕

> ○ 6枚のカードを〔図1〕のように，箱の中に入れます。
> ○ 🚗は，はじめに〔図2〕の★のマスに置きます。
> ○ 箱の中からカードを1枚ひきます。ひいたカードは元にもどしません。
> ○ 🚗を，止まっているマスから，ひいたカードに書かれた数の分だけ，時計回りに進めます。
> ○ 🚗が，★のマスにちょうど止まったときはゴールとなり，ゲームが終わります。ゴールとならなかったときは，次のカードを1枚ひいてゲームを続けます。

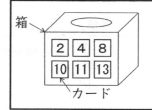

〔図1〕箱

箱／カード

実際には，カードは箱の中に入っているため，外からは見えません。

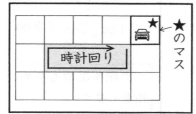

〔図2〕12マスの紙

時計回り　★のマス

かなこ	「では，カードを1枚ひいてください。」
たろう	「2のカードをひいたので，🚗を〔図3〕の①まで進めます。」
かなこ	「次に，残りのカードの中から1枚ひいてください。」
たろう	「4のカードをひいたので，〔図3〕の②まで進めます。」
かなこ	「3枚めのカードをひいてください。」
たろう	「8のカードをひいたので，〔図3〕の③まで進めます。★のマスを通過したのですが，ゴールとなりますか。」
かなこ	「★のマスにちょうど止まらなかったので，ゴールとなりません。そのまま4枚めのカードをひいてください。」
たろう	「10のカードをひいたので，〔図3〕の④まで進めます。今度は★のマスにちょうど止まりました。」
かなこ	「これでゴールです。2，4，8，10の順に4枚ひいて，🚗は2周しました。」
たろう	「4枚より少ない枚数でゴールする場合や，4枚ひいても3周する場合がありますね。」
かなこ	「それぞれ何通りあるか，調べてみましょう。」
たろう	「何通りあるかを数えるとき，今のように2，4，8，10の順にカードをひく場合と，同じカード4枚を2，4，10，8の順にひく場合では，別のものとして数えるのですか。」
かなこ	「そうです。ひいた順番が異なる場合は，それぞれ1通りと数えます。」

〔図3〕

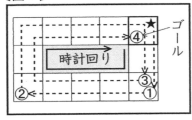

ア 〔ルール〕に従ってカードをひいたとき，2枚ひいてゴールとなるのは何通りか，書きましょう。ただし，ひいた順番が異なる場合は，それぞれ1通りと数えるものとします。

イ 〔ルール〕に従ってカードをひいたとき，4枚ひいて3周し，はじめてゴールとなるのは何通りか，書きましょう。ただし，ひいた順番が異なる場合は，それぞれ1通りと数えるものとします。

※問題は，これで終わりです。

このページには，問題は印刷されていません。

このページには，問題は印刷されていません。

（2）次の〔会話文２〕を読んで，あとの**ア**，**イ**の各問いに答えましょう。

〔会話文２〕

先生	「チェックデジットがあるため，入力する数をまちがえたときに，多くの場合でエラー表示が出ます。」
たろう	「〔**チェックデジットの決め方**〕の手順①で，通し番号の奇数番めのけたの数の和にかける数は，３でなければならないのですか。」
先生	「３と同じように使える数もありますが，使えない数もあります。まず，１をかける場合ですが，何もかけないときと同じなので，例えば，通し番号『19027』の数をまちがえて『91027』や『19072』と入力してしまっても，エラー表示が出ません。だから，１は使えません。」
かなこ	「では，２はどうでしょうか。」
先生	「２も使えません。通し番号が，『20001』から『20009』の生徒のチェックデジットを示した〔**表**〕を見てください。この〔**表**〕から，かける数として２が使えない理由を考えてみましょう。」
たろう	「３をかける場合とは異なり，２をかける場合では，チェックデジットが同じになることがあります。例えば，通し番号『20003』の３をまちがえて あ と入力しても，チェックデジットが同じなので，エラー表示が出ません。だから，かける数として２は使えないのですか。」
先生	「その通りですね。」
かなこ	「では，４から９までの数で，通し番号の奇数番めのけたの数の和にかける数として，３と同じように使えるものがあるか調べてみましょう。」

〔表〕

2をかける場合

通し番号	チェックデジット
20001	4
20002	2
20003	0
20004	8
20005	6
20006	4
20007	2
20008	0
20009	8

3をかける場合

通し番号	チェックデジット
20001	1
20002	8
20003	5
20004	2
20005	9
20006	6
20007	3
20008	0
20009	7

ア 〔会話文２〕の あ にあてはまる１けたの数を書きましょう。

イ 通し番号の奇数番めのけたの数の和にかける数として，4，5，6，7，8，9の中で，3と同じように使える数をすべて書きましょう。

問4　たろうさんとかなこさんは，図画工作の授業で，回転する仕組みの作品について話しています。次の（1），（2）の各問いに答えましょう。

（1）次の〔会話文1〕を読んで，あとのア，イの各問いに答えましょう。

〔会話文1〕

> たろう　「〔図1〕の状態では，4本の棒は箱の上の面に対して垂直です。棒の先が1番高いところにあるのは15cmの棒で，続いて22cmの棒，23cmの棒，21cmの棒の順になっています。この状態から針金を半周回転させると，その回転が棒に伝わって，棒の高さが変化します。さらに半周回転させると，〔図1〕の状態にもどります。」
>
> かなこ　「棒と針金を，〔図2〕のようにつないだので，うまく回転しますね。」
>
> たろう　「これから，〔図3〕のように，22cmの棒に〔図4〕の①のカードをはりつけ，21cmの棒に②を，23cmの棒に③を，15cmの棒に④を同じようにはりつけます。棒とカードの縦の辺は平行になるようにします。」
>
> かなこ　「では，〔図1〕の棒にカードをつけた状態から針金を回転させましょう。」

〔図1〕スタートの位置

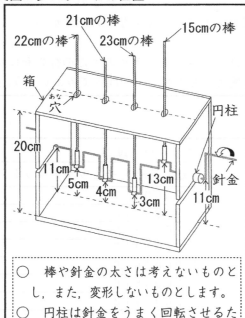

○　棒や針金の太さは考えないものとし，また，変形しないものとします。
○　円柱は針金をうまく回転させるためのもので，箱に固定しています。

〔図2〕つなぎ方

太さが異なるストローで，棒と針金をつなぎます。どの棒と針金も同じようにつなぎます。

〔図3〕つけ方

カードの縦の長さの半分のところに，棒の上の部分がくるようにはりつけます。

〔図4〕カード

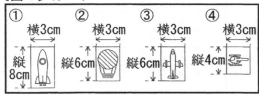

ア　〔図1〕の棒に〔図4〕のカードをそれぞれはりつけたとき，カードの上の辺の高さが2番めに高いのはどれか，①～④の中から1つ選び，その番号を書きましょう。

イ　〔図1〕の棒に〔図4〕のカードをそれぞれはりつけた状態から針金を半周回転させたとき，カードの上の辺の高さを比べて，高い順に番号を書きましょう。

（2）次の〔会話文2〕を読んで，あとのア，イの各問いに答えましょう。

〔会話文2〕

かなこ	「〔図5〕のように，異なる4つの大きさの歯車A，歯車B，歯車C，歯車Dが，うまくかみ合って回転するようにしました。」
たろう	「回転する方向（↺）に歯車Aを回転させると，歯車Aと歯車Cは同じ方向に回転し，歯車Bと歯車Dはその2つの歯車とは反対の方向に回転しますね。」
かなこ	「〔図5〕の状態から，歯車Aを1周回転させると〔図6〕のようになり，ほかの歯車が〔表〕の分だけ回転したことがわかりました。」
たろう	「では，このあとも続けて回転させて，〔図5〕の状態にもどったり，〔図7〕のようになったりする様子について調べてみましょう。」

〔図5〕スタートの位置

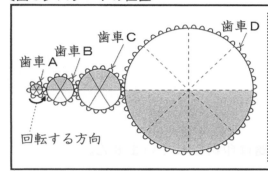

○ 歯車A，歯車B，歯車Cには，円が6等分されるように線（———）がかかれています。
○ 歯車Dには，円が8等分されるように線（-----）がかかれています。
○ それぞれの歯車に色をぬって，◗ と ◡ に分けています。

〔図6〕

〔図5〕の状態からAを1周回転させたとき

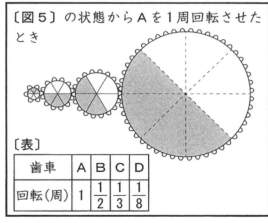

〔表〕

歯車	A	B	C	D
回転(周)	1	$\frac{1}{2}$	$\frac{1}{3}$	$\frac{1}{8}$

〔図7〕

〔図5〕の状態からAを何周か回転させたとき

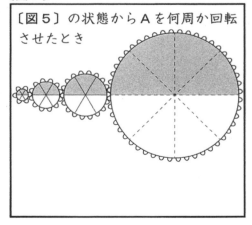

ア 〔図5〕のスタートの位置から歯車Aを75周回転させるまでに，〔図5〕と同じ状態になるのは何回か，書きましょう。

イ 〔図7〕の状態にはじめてなるのは，〔図5〕のスタートの位置から歯車Aを何周回転させたときか，書きましょう。

※問題は，これで終わりです。

このページには，問題は印刷されていません。

このページには，問題は印刷されていません。

令和２年度

神奈川県立中等教育学校入学者決定検査

適 性 検 査 Ⅰ

（４５分）

——— 注　　意 ———

1　「はじめ」の合図があるまで，この検査用紙を開いてはいけません。

2　問題は 問４ まであり，1ページから8ページに印刷されています。

3　問題をよく読んで，答えはすべて 解答用紙 の決められた欄に書きましょう。解答欄の外に書かれていることは採点しません。

4　字数の指定がある問題は，指定された字数や条件を守り，ていねいな文字で書きましょう。次の〔例〕のように，横書きで，最初のマスから書き始めます。段落をかえたり，マスの間をあけたりしないで書きます。文字や数字は1マスに1字ずつ書き，文の終わりには句点〔。〕を書きます。句読点〔。，〕やかっこなども1字に数え，1マスに1字ずつ書きます。

〔例〕

１	２	月	の	詩	の	テ	ー	マ	は
，	「	冬	の	朝	」	だ	っ	た	。

5　「やめ」の合図があったら，途中でも書くのをやめ，筆記用具を机の上に置きましょう。

　　たろうさんのクラスでは，横浜市にあるシルク博物館で見学した内容について，発表する準備をしています。次の〔会話文〕を読んで，あとの（1），（2）の各問いに答えましょう。

〔会話文〕

先生	「シルク博物館を見学して，わかったことは何ですか。」
たろう	「わたしは，シルクとは絹のことで，着物やネクタイ，ハンカチを大きくしたようなスカーフなどに使われていることがわかりました。また，横浜ではスカーフの製造が明治時代から続く伝統産業であることもわかりました。」
かなこ	「わたしは，シルクの原料になる生糸の輸出が，横浜開港から長い間，日本の経済を支えていたということを初めて知りました。また，現在ではシルクを使ったいろいろな製品の開発がすすんでいるそうです。」
先生	「シルク博物館で見学した内容を，どのように発表しますか。」
たろう	「わたしたちは，〔シルクとわたしたちのくらし〕と〔横浜とシルクとの関わり〕に書いたことをまとめて発表したいと思います。」

〔シルクとわたしたちのくらし〕

○　もともとシルクは，せんいの1つです。せんいとは，衣服や紙の原料になる細い糸状のものです。せんいには，カイコのまゆ，動物の毛や植物から作られた天然せんいと，石炭や石油などから人工的に作られた化学せんいがあります。

○　〔写真1〕のカイコは，〔写真2〕のカイコガの幼虫のことです。カイコガは，チョウやガの仲間です。カイコは，口から糸をはき，〔写真3〕のまゆを作り，その中で育ちます。まゆ注)1個からおよそ1300mの糸がとれます。これを5本，7本と複数集めた状態のものを生糸といいます。生糸を加工してシルクを作り，着物やスカーフなどに使います。スカーフ1枚を作るには，110個のまゆが必要です。

○　シルクは人の皮ふに近い成分でできているため，シルクで作った製品は，はだにやさしく，健康衣料ともいわれます。また，シルクをせんいとして衣料品に利用するほかに，新しい試みとしては，粉末などに加工してせっけんや口紅などのけしょう品の分野や，そうめんやあめなどの食品の分野をはじめ，いろいろな分野の製品に活用しています。そのほかにもさまざまな分野で研究開発が行われています。

注)1個：まゆは1粒，2粒···と数えますが，ここでは1個，2個···と数えます。

〔写真1〕カイコ　　　〔写真2〕カイコガ　　　〔写真3〕まゆ

〔横浜とシルクとの関わり〕

○ 開港前の横浜は，小さな村でした。1859 (注1)安政 6) 年の開港後，シルクの原料になる生糸をヨーロッパの国ぐにやアメリカ合衆国に輸出する港として，横浜は大いににぎわいました。

○ 現在の神奈川県や，群馬県や長野県などで生産された生糸は，輸出のために横浜へ運ばれました。

○ 横浜の開港当初，生糸の輸出相手国の1位はイギリスでしたが，その後はフランスが1位となり，さらに，1884（明治17）年にはアメリカ合衆国が1位となりました。また，1909（明治42）年，日本は世界一の生糸の輸出国になりました。

○ 明治時代，(注2)万国博覧会にシルクのハンカチを出品したことなどがきっかけで，横浜ではスカーフの製造がさかんになりました。昭和の時代には，世界の生産量の約50%を横浜で生産していたこともありました。現在も神奈川県の伝統産業の1つとして受けつがれています。

注1)安政：江戸時代の元号。
注2)万国博覧会：多くの国ぐにの産物や製品を人びとに見せるもよおし。

（1）〔シルクとわたしたちのくらし〕，〔横浜とシルクとの関わり〕の内容として，あてはまるものを次の①〜⑤の中からすべて選び，その番号を書きましょう。

① せんいとは細い糸状のもので，まゆから作られたせんいは化学せんいである。
② まゆ1個から1300mの糸がとれるとき，まゆ1100個でスカーフが10枚できる。
③ シルクは，人の皮ふに近い成分でできているため，はだにやさしい。
④ 輸出用の生糸は，神奈川県内で生産されて，群馬県や長野県に運ばれていた。
⑤ 生糸の輸出相手国の1位はイギリスだったが，その後はアメリカ合衆国が1位となり，1884（明治17）年にはフランスが1位となった。

（2）たろうさんは，〔シルクとわたしたちのくらし〕，〔横浜とシルクとの関わり〕の内容をもとに，次の〔まとめ〕を書いています。　ア　にあてはまる内容を5字以上8字以内で書き，　イ　　　　　　　にあてはまる内容を20字以上25字以内で書きましょう。

〔まとめ〕

　カイコのまゆから作った生糸は，日本の代表的な輸出品でした。生糸を加工して作ったシルクは，着物などに使われています。
　横浜では，シルクを使った　ア　がさかんで，世界の生産量の半分を製造していたこともあり，現在も伝統産業として受けつがれています。
　また，シルクをせんいとして衣料品に利用すること以外に，新しい試みとしては，　イ　　　　　が行われています。

問2 かなこさんとたろうさんは、家庭科の授業で朝食について学習しています。次の〔会話文〕を読んで、あとの（1），（2）の各問いに答えましょう。

〔会話文〕

先生	「前回，朝食を食べると，体温が上がり，脳や体が活発にはたらくようになり，生活のリズムが整うことを学びました。また，〔食品のグループ分け〕の学習では，食品を組み合わせることで，栄養のバランスがよくなることも学びましたね。みなさんはどのような朝食を考えてきましたか。」
かなこ	「わたしは，ご飯，納豆，とうふと油あげのみそしるという朝食を考えました。このままでは　ア　が足りないので，〔かながわの特産品〕にある，2月が^{注)}旬の時期の　イ　を入れることにします。」
たろう	「わたしは，パン，ヨーグルト，牛乳，ゆで卵，果物の朝食を考えました。また，パンとヨーグルトについては，〔栄養成分表示〕にまとめました。」
先生	「食品の栄養成分表示については，エネルギー，たんぱく質，脂質，炭水化物，ナトリウムなどが表示されていることを学習しましたね。」
かなこ	「ナトリウムとは，どんなものですか。」
先生	「ナトリウムは，体内の水分量をいつも適切な状態に調節するなどのはたらきをする重要な栄養素です。わたしたちは，ナトリウムの多くを食塩から吸収しています。ただし，食塩のとり過ぎは体に良くありません。健康を保つために，食塩をとる量には目標とする数値が定められています。その数値は，これまでナトリウムの量で示されていました。表示をよりわかりやすくするために，これからは食塩相当量で表すことになっています。ただ，〔栄養成分表示〕のようにナトリウムの量で表示されていても，〔計算式〕で食塩相当量を求めることができます。」

注)旬：魚や野菜などの，いちばん味のよいとき。

〔食品のグループ分け〕

○ おもにエネルギーのもとになる食品
　・炭水化物を多くふくむ食品（ご飯，パン，めん，いもなど）
　・脂質を多くふくむ食品（バター，マヨネーズ，油など）
○ おもに体をつくるもとになる食品
　・たんぱく質を多くふくむ食品（魚，肉，卵，豆，豆製品など）
　・カルシウムを多くふくむ食品（牛乳，乳製品，海そうなど）
○ おもに体の調子を整えるもとになる食品
　・ビタミンなどを多くふくむ食品（野菜，果物，きのこなど）

〔かながわの特産品〕食品と旬の時期

なす　　：6月から11月	たまねぎ：5月から7月
かぼちゃ：6月から8月	だいこん：11月から4月

（JAグループ神奈川「かながわ特産品カレンダー」より作成）

〔栄養成分表示〕

パン1袋

ヨーグルト1個

パンの栄養成分表示 (100gあたり)	
エネルギー	262 kcal
たんぱく質	9.1 g
脂質	5.3 g
炭水化物	44.4 g
ナトリウム	480 mg

ヨーグルトの栄養成分表示 (1個あたり)	
エネルギー	64 kcal
たんぱく質	2.5 g
脂質	1.5 g
炭水化物	10.2 g
ナトリウム	33 mg

・エネルギーの単位 kcal は，キロカロリーと読みます。

・1 mg ＝ $\frac{1}{1000}$ g です。

・パンは1袋に6枚入っていて，その6枚をあわせた重さは400gです。ここでは，袋の重さは考えないものとします。

〔計算式〕

食塩相当量 ＝ ナトリウムの量 × 2.54
・それぞれの量の単位は，gとします。

（1）〔会話文〕の ［ ア ］ と ［ イ ］ に入る内容として，あてはまるものを ［ ア ］ は①〜③の中から， ［ イ ］ は④〜⑦の中からそれぞれ1つ選び，その番号を書きましょう。

ア
① おもにエネルギーのもとになる食品
② おもに体をつくるもとになる食品
③ おもに体の調子を整えるもとになる食品

イ
④ なす ⑤ たまねぎ ⑥ かぼちゃ ⑦ だいこん

（2）〔栄養成分表示〕のパン1枚とヨーグルト1個をあわせた食塩相当量は何gか，書きましょう。ただし，答えは，小数第4位を四捨五入して，小数第3位まで書きましょう。

問3 たろうさんとかなこさんは，学級新聞の記事を書くために，日本を訪れた外国人旅行者について調べています。次の〔会話文〕を読んで，あとの（1），（2）の各問いに答えましょう。

〔会話文〕

先生	「外国人旅行者について，どんなことを調べましたか。」
たろう	「わたしは，外国人旅行者の数の変化を調べました。〔グラフ〕のように，ここ数年で，外国人旅行者が増えていることがわかります。」
かなこ	「たしかに，2013年に1000万人を上回り，2018年には2013年の3倍に増加していますね。」
先生	「かなこさんは，何を調べましたか。」
かなこ	「わたしは，どの国や地域からの旅行者が多いのか，その割合を調べて，〔表〕にしてみました。」
たろう	「では，調べたことをまとめて，学級新聞用の〔記事〕を書きましょう。」

〔グラフ〕日本を訪れた外国人旅行者の数

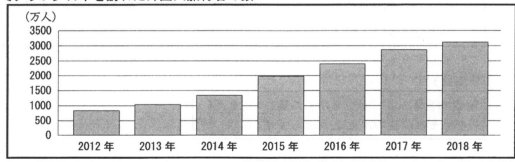

（万人）

（日本政府観光局（JNTO）ホームページより作成）

〔表〕日本を訪れた外国人旅行者の国や地域の割合（2013年と2018年）

2013年	国または地域名	割合	2018年	国または地域名	割合
1位	韓国	23.7%	1位	中国	26.9%
2位	台湾	21.3%	2位	韓国	24.2%
3位	中国	12.7%	3位	台湾	15.3%
4位	アメリカ合衆国	7.7%	4位	香港	7.1%
5位	香港	7.2%	5位	アメリカ合衆国	4.9%
	その他	27.4%		その他	21.6%

（日本政府観光局（JNTO）ホームページより作成）

令和2年度

神奈川県立中等教育学校入学者決定検査

適性検査Ⅱ

（45分）

───── 注　意 ─────

1　「はじめ」の合図があるまで，この検査用紙を開いてはいけません。

2　問題は 問4 まであり，1ページから8ページに印刷されています。

3　問題をよく読んで，答えはすべて 解答用紙 の決められた欄に書きましょう。解答欄の外に書かれていることは採点しません。

4　字数の指定がある問題は，指定された字数や条件を守り，ていねいな文字で書きましょう。次の〔例〕のように，横書きで，最初のマスから書き始めます。段落をかえたり，マスの間をあけたりしないで書きます。文字や数字は1マスに1字ずつ書き，文の終わりには句点〔。〕を書きます。句読点〔。，〕やかっこなども1字に数え，1マスに1字ずつ書きます。

〔例〕

1	2	月	の	詩	の	テ	ー	マ	は
，	「	冬	の	朝	」	だ	っ	た	。

5　「やめ」の合図があったら，途中でも書くのをやめ，筆記用具を机の上に置きましょう。

| 問1 | かなこさんは，いくつかの資料をもとにバリアフリーについて調べ，学級新聞 |

の記事をつくっています。次の〔会話文〕，〔記事１〕，〔記事２〕を読んで，あと
の（１），（２）の各問いに答えましょう。

〔会話文〕

先生	「バリアフリーという言葉を初めて聞いたのはいつですか。」
かなこ	「以前，交流学習で老人ホームを訪問したときです。部屋とろうかの間に
	段差がなく，建物の入り口にはスロープがありました。そのときにバリ
	アフリーのことを聞き，興味をもちました。」
先生	「今回調べてみて，感じたことはどんなことですか。」
かなこ	「だれもが暮らしやすい社会をつくるには，〔記事１〕のさまざまなバリ
	アを取り除くだけでなく，『心のバリア』も取り除き『心のバリアフ
	リー』をすすめることが最も大切だということです。そこで，クラスの
	みんなの経験や考えを聞いて，その内容を〔記事２〕にのせたいです。」

〔記事１〕バリアとバリアフリー

○ バリアとは
　　ちょっとした段差など，暮らしていく上で，さまたげ（じゃま）になるもの。
○ バリアの種類とその例
　移動面のバリア
　　公共交通機関や道路や建物に見られる，段差やすき間，せまい通路など。
　ルールや制度のバリア
　　就職や資格試験などで，障がいがあることを理由に受験などを制限する
　こと。
　情報面のバリア
　　視覚に頼ったタッチパネル式のみの操作盤や日本語の音声のみのアナウン
　スなどが，一部の人にとってわかりづらくなっていること。
○ バリアフリーとは
　　高れい者や障がい者だけでなく，すべての人に関わる日常生活の中に存在
　するあらゆるバリアを取り除くこと。
○ 街の中のバリアフリーの例
　点字ブロック
　　視覚障がい者に道案内をするために，立ち止まって安全を確認する点状ブ
　ロックと，歩く方向を確認する線状ブロックが道路や駅などに設置されている。
　エレベーター
　　車いす利用者が使いやすいように，ボタンの位置を低くしたり，方向を変え
　ずに出入り口を確認できるように鏡をつけたりするなどの工夫がされている。
　みんなのトイレ
　　車いす利用者や赤ちゃんを連れた人などが使いやすいように，個室が広く
　なっていて，ボタンで開閉する自動ドアやおむつ交かん台などが設置されている。

〔記事２〕心のバリアと心のバリアフリー

○　心のバリアとは
　　わたしたちの心の中にあるバリア。だれかにとって不便なことも，自分にとって不便でないとその不便さに気づかないこと。困っていることに気づいても，遠りょしたり無関心なふりをしたりして，自分から関わろうとしないこと。「障がいがあるから〇〇はできないだろう。」と思うことなど。

○　心のバリアについてのみんなの経験と考え

　　　　　　　　　　　　　　　　　ア

○　心のバリアフリーのために
　　「心のバリア」によって，人格や個性が認められていないと感じている人や，社会に参加しづらいと感じている人もいます。
　　多様な人びとと，互いを尊重しながらともに過ごしていける方法を考えることが大切です。

（1）〔会話文〕，〔記事１〕，〔記事２〕の内容として，あてはまるものを次の①～⑥の中からすべて選び，その番号を書きましょう。

①　心のバリアをふくめ，さまざまなバリアを取り除くことがバリアフリーである。
②　スロープは，暮らしていく上でさまたげになるので，移動面のバリアである。
③　段差やすき間，せまい通路などは，情報面のバリアになる。
④　日本語の音声のみのアナウンスは，ルールや制度のバリアになる。
⑤　エレベーターには，車いす利用者が方向を変えずに出入り口を確認できるように鏡をつけているものがある。
⑥　点字ブロックの線状ブロックは，視覚障がい者が立ち止まって安全を確認するために設置されている。

（2）あなたの経験と考えを，〔記事２〕のアにのせるとします。次の２つのことについて，〔会話文〕，〔記事１〕，〔記事２〕の内容をふまえ，全体で120字以上150字以内で書きましょう。

・　日常生活の中で，自分自身または周りの人びとに対して，どのような「心のバリア」を感じますか。具体的な場面をあげてあなたの経験を書きましょう。
・　「心のバリア」を取り除くためには，どのように行動すればよいと思いますか。具体的な行動をあげてあなたの考えを書きましょう。

たろうさんは，かなこさんに庭づくりの計画を話しています。次の〔会話文〕を読み，〔図1〕～〔図9〕を見て，あとの（1），（2）の各問いに答えましょう。

〔会話文〕

たろう	「〔図1〕にある長方形の形をした花だんの周りに，横板と縦板と柱で組み立てた柵を設置します。さらに，┗の形をしたⒶの部分にレンガをしきつめます。」
かなこ	「柵は，どう組み立てますか。」
たろう	「〔図2〕の材料を使い，〔図3〕，〔図4〕，〔図5〕の順に組み立てます。柵を真上から見ると〔図6〕のようになります。この柵で花だんの周りを囲みます。」
かなこ	「柵の組み立て方はわかりました。レンガはどのようにしきつめますか。」
たろう	「〔図7〕の▨と▢の2種類のレンガを2個ずつ並べていき，模様ができるようにしきつめます。まず，〔図1〕のⒷの位置から▨のレンガを2個しきます。」
かなこ	「その続きはどうしますか。」
たろう	「例えば〔図8〕のように，▨のレンガ2個を▨のように並べた場合，①，③，⑤の方向には▢のレンガ2個を▯のようにしき，②，④の方向には▨のレンガ2個を▨のようにしきます。」
かなこ	「わかりました。〔図1〕のⒷの位置から▨をしくとき，その続きは，〔図9〕のようにしいていけばよいですね。」
たろう	「そのとおりです。あとは，使う材料の数を調べれば，庭づくりをすすめられます。」

〔図1〕庭を真上から見た全体図

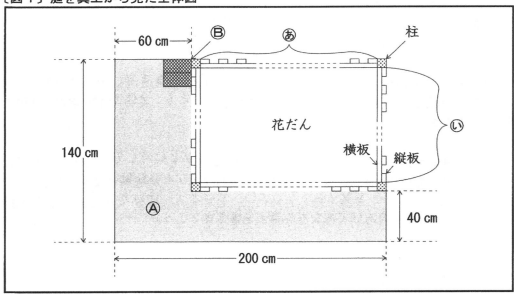

〔図２〕柵の材料

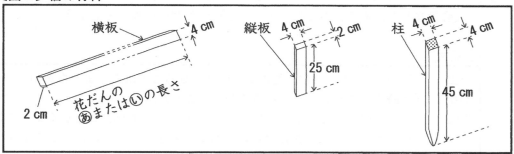

〔図３〕柵の組み立て方（その１）

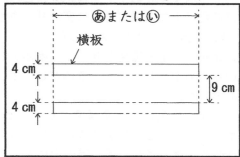

〔図４〕柵の組み立て方（その２）

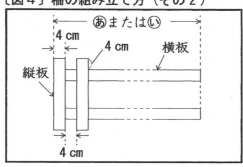

〔図５〕柵の組み立て方（その３）

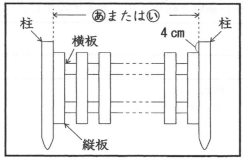

〔図６〕柵を真上から見た図

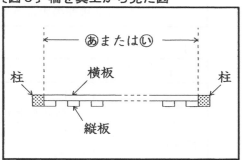

〔図７〕２種類のレンガ

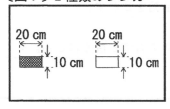

〔図８〕レンガをしく方向

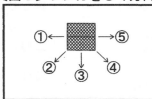

〔図９〕レンガのしき方

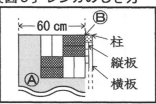

（１）柵で〔図１〕の長方形の形をした花だんの周りを囲むとき，縦板は合計何枚必要
　　か，書きましょう。

（２）〔図１〕の ▙ の形をした④の部分に２種類のレンガをしきつめていくとき，▨ と
　　▭ のレンガはそれぞれ何個必要か，書きましょう。

－4－

　かなこさんとたろうさんは，理科の水よう液の学習をふり返っています。次の
〔会話文〕を読んで，あとの（1），（2）の各問いに答えましょう。

〔会話文〕

先生	「〔表〕の水よう液で，見た目で区別できるものはありましたか。」
かなこ	「炭酸水はあわが出ているのでわかりました。」
先生	「たしかにそうですが，時間が経つとあわはあまり目立たなくなってしまいますね。では，見た目以外で水よう液を区別するには，どのような方法がありましたか。」
たろう	「リトマス紙を使うと，酸性の水よう液では青色リトマス紙が赤色に変わり，アルカリ性の水よう液では赤色リトマス紙が青色に変わり，中性の水よう液ではどちらのリトマス紙も色が変わりませんでした。」
かなこ	「蒸発させる方法もありました。加熱して水を蒸発させると，固体がとけている水よう液では，とけているものが残り，また，気体がとけている水よう液では，何も残りませんでした。」
たろう	「〔表〕の水よう液については，うすい塩酸だけが金属をとかすことや，石灰水だけが二酸化炭素を通すと白くにごることを学習しました。」
先生	「よく覚えていますね。〔表〕の水よう液のどれが試験管の中に入っているかわからない場合でも，その水よう液が何か調べられそうですね。まず，〔3種類の水よう液を調べた実験と結果〕から考えてみましょう。」

〔表〕

水よう液	とけているもの	性質
炭酸水	気体 （二酸化炭素）	酸性 あわが出ている。
食塩水	固体 （食塩）	中性
うすい塩酸	気体 （塩化水素）	酸性 鉄などの金属をとかす。
石灰水	固体 （消石灰）	アルカリ性 二酸化炭素を通すと白くにごる。
ミョウバン水	固体 （ミョウバン）	酸性

〔3種類の水よう液を調べた実験と結果〕

○ それぞれの水よう液を赤色リトマス紙につけると，1つの水よう液だけ青色に変わった。
○ それぞれの水よう液を加熱し，水を蒸発させると，2つの水よう液は固体が残り，1つの水よう液は何も残らなかった。

令和２年度

神奈川県立中等教育学校入学者決定検査

グループ活動による検査
（４０分）

～全体の進め方～

1　自分の考えをまとめる。　　　（5分）

2　グループで話し合いをする。（35分）

注　　意

1　「はじめ」の合図があるまで，この検査用紙を開いては
いけません。

2　「やめ」の合図があったら，途中でも活動をやめましょう。

3　自分の考えをまとめる。は，それぞれで取り組みましょう。

4　グループで話し合いをする。は，司会や書記などの係は決め
ないで，みんなで取り組みましょう。

> あなたは，神奈川県立中等教育学校の１年生とします。県立中等教育学校では，「みんなが輝く学校」をつくりたいと考えています。
>
> そのために，各クラスで，「みんなが輝く学校とはどんな学校か」というテーマで話し合い，さらに，「みんなが輝く学校にするために，６年間を通して自分たちの学年で取り組む活動」の内容を決めることになりました。あなたは，この話し合いでどのような考え方や活動案を出しますか。具体的な案を考えましょう。

自分の考えをまとめる。 （５分）

（1）みんなに発表できるように，あなたの考えと，そのように考えた理由を下の欄に書きましょう。

あなたの考えとその理由

○ 「みんなが輝く学校」とはどんな学校だと思いますか。また，そう考えた理由も考えましょう。

○ 「みんなが輝く学校にするために，６年間を通して自分たちの学年で取り組む活動」について，あなたはどのような内容にしたいですか。また，そう考えた理由も考えましょう。

令和２年度

神奈川県立中等教育学校入学者決定検査

グループ活動による検査
（４０分）

～全体の進め方～

1　自分の考えをまとめる。　　　（5分）

2　グループで話し合いをする。（35分）

────── 注　意 ──────

1　「はじめ」の合図があるまで，この検査用紙を開いては
いけません。

2　「やめ」の合図があったら，途中でも活動をやめましょう。

3　自分の考えをまとめる。は，それぞれで取り組みましょう。

4　グループで話し合いをする。は，司会や書記などの係は決め
ないで，みんなで取り組みましょう。

次の文章を読んで，あとの（1）〜（4）に取り組みましょう。

> あなたは，神奈川県立中等教育学校の1年生とします。県立中等教育学校では，「みんなが笑顔になる学校」をつくりたいと考えています。
>
> そのために，各クラスで，「みんなが笑顔になる学校とはどんな学校か」というテーマで話し合い，さらに，「みんなが笑顔になる学校にするために，6年間を通して自分たちの学年で取り組む活動」の内容を決めることになりました。あなたは，この話し合いでどのような考え方や活動案を出しますか。具体的な案を考えましょう。

自分の考えをまとめる。（5分）

（1）みんなに発表できるように，あなたの考えと，そのように考えた理由を下の欄に書きましょう。

> **あなたの考えとその理由**
>
> ○ 「みんなが笑顔になる学校」とはどんな学校だと思いますか。また，そう考えた理由も考えましょう。
>
>
>
>
> ○ 「みんなが笑顔になる学校にするために，6年間を通して自分たちの学年で取り組む活動」について，あなたはどのような内容にしたいですか。また，そう考えた理由も考えましょう。

問2

(1)

ア

イ

(2)

g

受 検 番 号	氏　　　名

問3

（1）

（2）

ア

イ

問2

(1)

	枚

(2)

▨▨のレンガ		□のレンガ	
	個		個

※ 問3 ， 問4 の答えを書く欄は，裏にあります。 ——→

受 検 番 号	氏　　　名

問3

(1)

（2）

ア

（　あ　）	
（　い　）	
（　う　）	

イ

下の欄には
記入しない

問3
（1）
20点

（2）
ア
30点

イ
20点

【解答用

問 4

(1) 　　　　　　　　　　　　　　　　個

(2) 　　　　　　　　　　　　　　　　本

適 性 検 査 Ⅱ 解 答 用 紙 （令和２年度）

受 検 番 号	氏　　名

下の欄には記入しない

300点

問 1

（1）

（2）※表紙の ── 注　意 ── の４をよく読んで書きましょう。

120

150

問 1
（1）
20点

（2）
60点

2020(R2) 神奈川県立中等教育学校

教英出版

【解答用

問4

(1)

(2)
ア

イ

適性検査 I 解答用紙 （令和2年度）

受検番号	氏　名

下の欄には記入しない

300点

問1

（1）

問1
（1）
30点

（2）

ア

　　　　　5　　　8

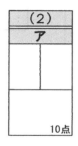
（2）
ア
10点

イ

　　　　　　　　　　　20

が行われています。

　　　　25

イ
30点

グループで話し合いをする。 （35分）

※次の（2），（3），（4）の順番で取り組みましょう。

（2） あなたの考えとその理由 について，1分ぐらいで発表しましょう。

（3）「みんなが笑顔になる学校にするために，6年間を通して自分たちの学年で取り組
む活動」について，どのような内容にするか，それぞれの発表をもとに話し合いま
しょう。必要があれば，画用紙とフェルトペンを使いましょう。

（4）みんなの意見をまとめて，グループとして1つの案をつくりましょう。

※次の（2），（3），（4）の順番で取り組みましょう。

（2） あなたの考えとその理由 について，１分ぐらいで発表しましょう。

（3）「みんなが輝く学校にするために，６年間を通して自分たちの学年で取り組む活動」
について，どのような内容にするか，それぞれの発表をもとに話し合いましょう。必
要があれば，画用紙とフェルトペンを使いましょう。

（4）みんなの意見をまとめて，グループとして１つの案をつくりましょう。

教英出版

（1）〔表〕の５種類の水よう液から３種類だけ取り出して調べたところ，〔３種類の水よう液を調べた実験と結果〕のようになりました。この結果からわかることを，次の①〜⑤の中からすべて選び，その番号を書きましょう。

　①　３種類の水よう液のうち，酸性の水よう液は１つだけである。
　②　３種類の水よう液のうち，アルカリ性の水よう液は１つだけである。
　③　３種類の水よう液のうちの１つは，食塩水である。
　④　３種類の水よう液のうちの１つは，食塩水またはうすい塩酸である。
　⑤　３種類の水よう液のうちの１つは，食塩水またはミョウバン水である。

（2）先生は，〔表〕の５種類の水よう液をそれぞれ１本ずつ入れた５本の試験管Ａ，Ｂ，Ｃ，Ｄ，Ｅを用意しました。ただし，どの試験管にどの水よう液が入っているのかわかりません。そこで，かなこさんとたろうさんが，次の〔５種類すべて取り出して調べた実験と結果〕の実験１〜４を順番に行ったところ，試験管に入っている水よう液がそれぞれ何であるかを区別することができました。このとき，あとのア，イの各問いに答えましょう。

〔５種類すべて取り出して調べた実験と結果〕

実験方法	調べた試験管	結果
実験１ （　　あ　　）	試験管Ａ，Ｂ，Ｃ，Ｄ，Ｅ	変化なし：Ａ，Ｂ，Ｄ，Ｅ 変化あり：Ｃ
実験２ （　　い　　）	実験１で変化がなかった 試験管Ａ，Ｂ，Ｄ，Ｅ	変化なし：Ａ，Ｄ 変化あり：Ｂ，Ｅ
実験３ （　　う　　）	実験２で変化がなかった 試験管Ａ，Ｄ	変化なし：Ａ 変化あり：Ｄ
実験４ それぞれの水よう液を加熱して蒸発させた。	実験２で変化があった 試験管Ｂ，Ｅ	固体が残った：Ｂ 何も残らなかった：Ｅ

　ア　〔５種類すべて取り出して調べた実験と結果〕の（　　あ　　）〜（　　う　　）にあてはまるものを，次の①〜③の中からそれぞれ１つずつ選び，その番号を書きましょう。

　①　それぞれの水よう液に二酸化炭素を通した。
　②　それぞれの水よう液を青色リトマス紙につけた。
　③　それぞれの水よう液に鉄を入れた。

　イ　試験管Ａの中に入っている水よう液としてあてはまるものを，次の①〜⑤の中から１つ選び，その番号を書きましょう。

　①　炭酸水　　②　食塩水　　③　うすい塩酸　　④　石灰水　　⑤　ミョウバン水

　たろうさんとかなこさんの班では，ストローと針金を使って，3段の立体を作る計画について話し合っています。次の〔会話文〕を読んで，あとの（1），（2）の各問いに答えましょう。

〔会話文〕

先生	「3段の立体は，どのように作るのですか。」
たろう	「まず〔図1〕のような縦，横，高さが同じ長さの箱をたくさん作って，〔図2〕のような3段の立体になるように箱を並べる計画を立てました。〔図1〕の箱を使って，1段めには25個，2段めには9個，3段めには1個の箱を置きます。〔図3〕は〔図2〕を真横と真正面と真上から見た図です。3段の立体は，〔図1〕の箱とほかの種類の箱で作ります。」
先生	「どのような種類の箱があるのですか。」
たろう	「〔図4〕のように3種類の箱を作ります。〔図4〕と〔図1〕の箱を使って，〔条件〕に従って並べます。このとき，例えば☆の記号の箱と〔図1〕の箱をくっつけると，〔図5〕のように見えます。」
先生	「たろうさんの計画だと，ストローの本数が420本必要ですが，もっと本数を減らすことができますか。」
かなこ	「わたしの案では，〔図6〕のようにすると，ストローの本数を減らすことができます。」

〔図1〕ストローのみの箱

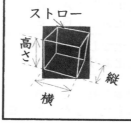

1個の箱を作るのに，すべて同じ長さのストローを12本使います。縦，横，高さは同じ長さになります。ストローをつなぐために針金を使います。

〔図2〕3段の立体

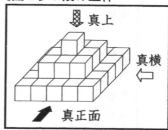

〔図3〕真横，真正面，真上から見た図

真横⇦と真正面◢から見た図

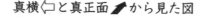
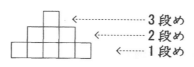

3段め
2段め
1段め

真上から見た図

〔図4〕紙をはった箱の種類

箱には，〔図1〕の箱の6つの面に同じ形の記号がかかれた紙を6つの面それぞれにはります。記号は☆，〇，△の3種類です。

☆の記号　　〇の記号　　△の記号

〔条件〕3段の立体の作り方

⑦　箱は①～㉟の番号の順番に並べます。3段の立体で，1段めの⑦の上に2段め
の㉖が重なります。①は☆の記号の箱とし，⑦のように並べます。

1段め　　　　　　　　　　　　2段め　　　　　　　　　3段め

⑦　箱の並べ方は，☆の記号の箱から矢印➡の順番で並べます。

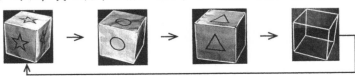

〔図5〕ストローのみの箱とくっついているときの見え方

左のように [☆] と [ ] がくっついている状態で，
◁▩▩の方向から見たとき，☆の記号の箱が見えます。

〔図6〕箱を2個並べたとき

○　たろうさんの計画の例Ⓐのように複数のストローが重なったとき，かなこさ
んの案ではⒷのようにストローの本数を1本にします。

○　たろうさんの計画の例ではストローが24本必要ですが，かなこさんの案では
ストローが4本減ります。

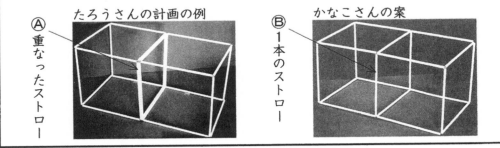

たろうさんの計画の例　　　　　　　　　かなこさんの案

Ⓐ重なったストロー　　　　　　　　Ⓑ1本のストロー

（1）たろうさんは，〔条件〕に従って箱を並べました。計画どおり並べ終えたあと，
〔図2〕を真上▩から見たとき，☆の記号の箱が何個見えるか，書きましょう。

（2）〔図6〕のかなこさんの案で〔図2〕の立体を作った場合，たろうさんの計画で
作ったときに比べて，ストローを何本減らすことができるか，書きましょう。ただ
し，〔図4〕のようには，紙をはらないものとします。

※問題は，これで終わりです。

-8-

このページには，問題は印刷されていません。

このページには，問題は印刷されていません。

〔記事〕

　　日本政府観光局の調査によると，日本を訪れた外国人旅行者の数は，2013年に年間1000万人を上回りました。その後も増え続けて，2016年には年間2000万人，2018年には年間3000万人を突破しました。

　　2013年と2018年の外国人旅行者の国や地域の割合を比べてみると，上位になっている国や地域は変わっていません。中国，韓国，台湾，香港といった日本から近い国や地域からの旅行者が多く，2018年では，それらの国や地域の割合を合計すると，全体のおよそ　　　　　　　になります。また，Ⓐ中国からの旅行者の数が増え，2018年はすべての国や地域の中で最も多くなりました。その一方で，2018年のアメリカ合衆国からの旅行者の数は，2013年と比べ，Ⓑ減少しています。

(1) 〔記事〕の　　　　　　　に入る割合として最もあてはまるものを次の①～⑤の中から1つ選び，その番号を書きましょう。

　　①　3分の1　　②　2分の1　　③　3分の2　　④　4分の3　　⑤　5分の4

(2) 〔記事〕の下線部Ⓐ，Ⓑについて，次のア，イの各問いに答えましょう。
　　ただし，日本を訪れた外国人旅行者の数は，2013年は1000万人，2018年は3000万人であるものとします。

　ア　下線部Ⓐ「中国からの旅行者の数」について，2018年は2013年のおよそ何倍に増えたか，最もあてはまるものを次の①～⑥の中から1つ選び，その番号を書きましょう。

　　①　1.5倍　　②　2倍　　③　3倍　　④　4倍　　⑤　5倍　　⑥　6倍

　イ　下線部Ⓑ「減少しています」は，まちがっています。その理由について，**アメリカ合衆国と旅行者の数**という2つの言葉を使い，文で具体的に説明しましょう。式を入れてもかまいませんが，解答欄のわくの中にわかりやすく書きましょう。

問4 かなこさんは厚紙にかいた展開図から，2つのさいころを作りました。次の
　　　〔会話文1〕を読んで，あとの（1），（2）の各問いに答えましょう。

〔会話文1〕

> かなこ 「〔図1〕の2つの展開図をかくときに，どちらも『向かい合う面の目の
> 　　　　数の和が7になる』という，さいころの目の関係に気をつけたので，同
> 　　　　じさいころができると思ったのですが，組み立ててみると㋐と㋑では，
> 　　　　異なるさいころができました。」
> たろう 「どこにちがいがあるのですか。」
> かなこ 「〔図2〕のように，・を上にして，⚁が手前になるように置いたとき，
> 　　　　右側の面の目は，㋐では⚂，㋑では⚄です。」
> たろう 「たしかにそうですね。では，ほかにも展開図をかいてみて，㋐，㋑のど
> 　　　　ちらのさいころになるのか調べてみましょう。」

〔図1〕さいころの展開図

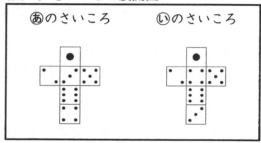

〔図2〕さいころの見取図

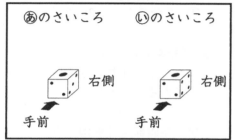

（1）次の①〜⑤の展開図を組み立てたとき，さいころの目の配置が，〔図2〕の㋐のさ
いころと同じになるものはどれでしょう。あてはまるものを①〜⑤の中からすべて
選び，その番号を書きましょう。ただし，⚁と⚁，⚂と⚂，⚅と⚅の目の向きが
異なっていても同じ目として考えます。

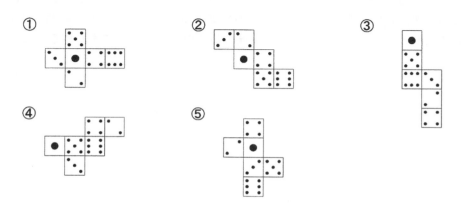

（2）先生は，〔図2〕のあと同じさいころ3個を，次の〔条件〕に従って〔図3〕のように置きました。このとき，たろうさんは〔条件〕を読みましたが，さいころは見ていません。あとの〔会話文2〕を読んで，ア，イの各問いに答えましょう。

〔条件〕

○　3個のさいころは，下に左右2個くっつけて置き，その片方のさいころの上に残りの1個を置きます。上に置くさいころの上向きの面には黒いテープをはり，面が見えないようにします。
○　さいころどうしがくっつく面は，目の数の和が7になるように置きます。
○　かなこさんは手前から，先生は後ろから置いてあるさいころを見ます。

〔図3〕

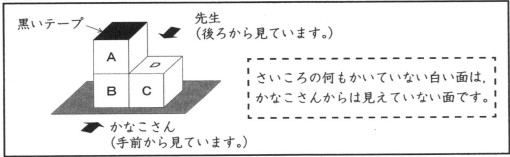

〔会話文2〕

先生　「かなこさんからは，どこの面が見えますか。」
かなこ「手前にあるA，B，Cの面と，黒いテープの面とDの面が見えます。」
先生　「黒いテープの面とDの面は，後ろからも見えます。Dの目の数は3ですね。では，A，B，Cの3つの面の目は，どんな数になっていますか。」
かなこ「A，B，Cのうち，2つは同じ数で，A，B，Cの目の数の和は9です。」
たろう「ということは，後ろにある3つの面の目も，2つは同じ数になっているはずですね。先生，その3つの目の数の和は，□□□□ですか。」
先生　「そのとおりです。さいころの目の関係がよくわかっていますね。」
かなこ「ところで，黒いテープの面の目の数が何か，わかりますか。」
たろう「これまでの会話と〔条件〕，さらにさいころの目の関係を手がかりにすれば，黒いテープの面の目として考えられる数を，いくつかにしぼることができそうです。」

ア　〔会話文2〕の□□□□にあてはまる数を，〔条件〕，〔会話文2〕をもとに考え，数字で書きましょう。

イ　〔図3〕の黒いテープの面の目として考えられる数を，〔条件〕，〔会話文2〕をもとに考え，1〜6のうち，あてはまるものすべてを数字で書きましょう。

※問題は，これで終わりです。

-8-

このページには，問題は印刷されていません。

このページには，問題は印刷されていません。

平成 31 年度

神奈川県立中等教育学校入学者決定検査

適 性 検 査 Ⅰ

（４５分）

――――― 注　　意 ―――――

1　「はじめ」の合図があるまで，この検査用紙を開いてはいけません。

2　問題は 問4 まであり，1ページから8ページに印刷されています。

3　問題をよく読んで，答えはすべて 解答用紙 の決められた欄に書きましょう。解答欄の外に書かれていることは採点しません。

4　字数の指定がある問題は，指定された字数や条件を守り，ていねいな文字で書きましょう。次の〔例〕のように，横書きで，最初のマスから書き始めます。段落をかえたり，マスの間をあけたりしないで書きます。文字や数字は1マスに1字ずつ書き，文の終わりには句点〔。〕を書きます。句読点〔。，〕やかっこなども1字に数え，1マスに1字ずつ書きます。

〔例〕

１	２	月	の	詩	の	テ	ー	マ	は
，	「	冬	の	朝	」	だ	っ	た	。

5　「やめ」の合図があったら，途中でも書くのをやめ，筆記用具を机の上に置きましょう。

　かなこさんとたろうさんのクラスでは，横浜市電保存館の見学に行き，見学した内容を学級新聞の記事にまとめることになりました。〔会話文〕を読んで，あとの（1），（2）の各問いに答えましょう。

〔会話文〕

先生	「横浜市電保存館を見学した感想は何かありますか。」
かなこ	「横浜の街に路面電車が走っていたことを，初めて知りました。」
先生	「約70年間にわたって路面電車は，横浜の道路にしいた^{注)}レールを走っていましたが，今は路線が残っていないので見ることができません。ところで，横浜市電保存館で配付された資料や，展示されていた内容をまとめてきましたか。」
たろう	「〔横浜の発展と交通〕というタイトルでまとめました。」
かなこ	「〔横浜市電に関するできごと〕というタイトルでまとめました。」
先生	「それでは，まとめてきたものをもとに学級新聞の記事を作りましょう。」

^{注)}レール：線路

〔横浜の発展と交通〕

○　横浜は，江戸時代末期の開港により国際貿易都市に発展し，さらに重工業都市，住宅都市へと大きく成長しました。このような都市の発展と拡張を支えた交通機関が横浜市電でした。今では横浜市営地下鉄や横浜市営バスが，その役割を受けついでいます。

○　横浜市電は，関東大震災や^{注1)}横浜大空襲により車両を失いましたが，その都度，復興しました。

○　1928（昭和3）年に，横浜市営バスが開業しました。

○　昭和30年代，横浜市電の乗客数が一日あたり約30万人になりました。多くの人が利用し，横浜市民の生活に欠かせない存在でした。

○　日本の経済が急速に発展していくと，昭和30年代後半から自動車が急増し，市民の生活に広く行きわたり，道路が混雑しました。そのため，横浜市電の輸送力は低下しました。

○　1964（昭和39）年に，^{注2)}国鉄の路線が新しく開通すると，横浜市電の利用者が大幅に減少しました。その一方で，横浜市営バスの乗客数が増え，横浜市電の乗客数を逆転しました。さらに，住宅地は横浜市電の走ることができるはん囲をこえて，横浜市全体に広がっていきました。

○　1965（昭和40）年，大きく広がった市街地に対応するものとして，路面電車よりも速い横浜市営地下鉄の建設計画が発表されました。

○　1972（昭和47）年3月までに，横浜市は，横浜市電の路線をすべて^{注3)}はい止しました。

○　1972（昭和47）年12月に，横浜市営地下鉄が開業しました。

^{注1)}横浜大空襲：1945（昭和20）年5月29日に，横浜市の中心地域に対して行われた空襲。
^{注2)}国鉄：現在のJR。
^{注3)}はい止：今まで行われてきたことをやめること。

〔横浜市電に関するできごと〕

1904 (明治 37) 年	路面電車が横浜電気鉄道という名前で開業しました。
1921 (大正 10) 年	路面電車は横浜市が運営することになり，横浜市電という名前になりました。
1923 (大正 12) 年	関東大震災により横浜市電の車両の半数以上を失いました。
1945 (昭和 20) 年	横浜大空襲により横浜市電の全車両の約25%を失いました。
1966 (昭和 41) 年	横浜市は，横浜市電をはい止することを決めました。

（1）〔会話文〕，〔横浜の発展と交通〕，〔横浜市電に関するできごと〕の内容として，あてはまるものをあとの①～⑦の中からすべて選び，その番号を書きましょう。

① 横浜市電は，約70年間にわたって横浜の街を走っていたが，一部の路線を残して姿を消した。

② 横浜市電は，関東大震災や横浜大空襲により，全車両を失った。

③ 昭和30年代，横浜市電の乗客数が一年間あたり約30万人になった。

④ 横浜市電の乗客数は，横浜市営バスの開業で減り，横浜市営地下鉄の開業でも減った。

⑤ 横浜市は，横浜市電をはい止する決定よりも前に，横浜市営地下鉄の建設計画を発表した。

⑥ 国鉄の新しい路線が開通すると，横浜市電の乗客数は増え，横浜市営バスの乗客数を上回った。

⑦ 横浜市は，1966 (昭和41) 年に，横浜市電をはい止することを決め，1972 (昭和47) 年までに路線をすべてはい止した。

（2）かなこさんとたろうさんは，〔横浜の発展と交通〕，〔横浜市電に関するできごと〕に書かれていることをふまえて，「横浜の交通のあゆみ」というタイトルで，学級新聞の記事を作っています。次の〔記事〕の中の＿＿＿＿＿にあてはまる内容を，15字以上20字以内でまとめて書きましょう。

〔記事〕横浜の交通のあゆみ

　横浜の路面電車は，明治から昭和にかけて都市の発展を支える交通機関としての役割を果たしました。ところが，昭和30年代後半から，横浜市電の輸送力は，＿＿＿＿＿＿＿＿＿＿ため低下しました。また，国鉄の路線が新しく開通すると横浜市電の利用者も大幅に減少しました。さらに，横浜市電の走ることができるはん囲をこえて住宅地が広がると，横浜市電は都市交通としての役割を果たすことが難しくなりました。そして，横浜市は横浜市営地下鉄の建設計画を発表しました。

問2　たろうさんは，理科の授業でふりこについて学習しています。次の（1），
（2）の各問いに答えましょう。

（1）次の〔会話文１〕を読んで，あとのア，イの各問いに答えましょう。

〔会話文１〕

先生	「〔実験〕の①を行う場合，どんなことに気をつければよいですか。」
たろう	「比べて実験をするときには，変える条件は１つだけにして，他の条件を同じにします。だから，〔実験〕の①では，〔図〕のふりこの長さだけを変えて，おもりの重さやふれはばを同じにします。」
先生	「その通りですね。それでは，〔実験〕の①～③を行うとき，それぞれ〔表〕のどのふりこを使って比べればよいか，考えましょう。」

〔実験〕

①　ふりこの長さが異なる２つのふりこの１往復する時間をそれぞれ調べる。

②　おもりの重さが異なる２つのふりこの１往復する時間をそれぞれ調べる。

③　ふれはばが異なる２つのふりこの１往復する時間をそれぞれ調べる。

〔図〕

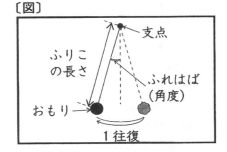

〔表〕

ふりこ	あ	い	う	え	お	か
ふりこの長さ	25cm	50cm	100cm	25cm	50cm	100cm
おもりの重さ	30 g	20 g	20 g	30 g	10 g	30 g
ふれはば	10°	30°	10°	20°	30°	20°

ア　〔実験〕の②を行うときに使うふりこを，あ～かの中から２つ選び，その記号を書きましょう。

イ　〔実験〕の①～③をすべて行うとき，使わないふりこがあります。それはどれですか，あ～かの中から１つ選び，その記号を書きましょう。

（2）たろうさんは，ふりこの長さを100 cmから50 cm，25 cm…と半分の長さにしていったときに，ふりこが1往復する時間がどう変わっていくかを予想し，実際に調べました。次の〔会話文2〕を読んで，あとのア，イの各問いに答えましょう。

〔会話文2〕

先生	「実際に調べる前に，どんな予想を立てましたか。」
たろう	「〔予想〕のように考えました。」
先生	「〔方法〕に従って実際に調べた結果は，予想どおりでしたか。」
たろう	「ちがいました。ふりこの長さを半分にすると，〔結果〕のように，ふりこが1往復する時間は短くなりましたが，半分ではありませんでした。わたしの予想では，ふりこの長さが50 cmのときのふりこが1往復する時間は1.0秒になり，ふりこの長さが25 cmのときのふりこが1往復する時間は □ ア □ 秒になるはずでした。」
先生	「〔結果〕を見ると，〔予想〕とは異なるきまりがありそうですね。」
たろう	「はい。そのきまりをもとにすれば，ふりこの長さを2倍にしていったときの，ふりこが1往復する時間を予想することができそうです。ふりこの長さが200 cmのとき，ふりこが1往復する時間は □ イ □ 秒になり，ふりこの長さが400 cmのときは，4.0秒になるはずです。」

〔予想〕

ふりこの長さを半分にすると，ふりこが1往復する時間も半分になります。

〔方法〕

○ 「ふりこの長さ」だけを変え，「おもりの重さ」と「ふれはば」は同じにします。
○ ふりこが10往復した時間を3回計り，その平均を10でわり，四捨五入して小数第1位まで表したものを「ふりこが1往復する時間」とします。

〔結果〕

ふりこの長さ	100 cm	50 cm	25 cm	12.5 cm
ふりこが1往復する時間	2.0秒	1.4秒	1.0秒	0.7秒

ア □ ア □ にあてはまる時間は何秒か，書きましょう。

イ □ イ □ にあてはまる時間は何秒か，最もあてはまるものを次のあ～かの中から1つ選び，その記号を書きましょう。

　あ　2.6　　　い　2.8　　　う　3.0　　　え　3.2　　　お　3.4　　　か　3.6

かなこさんは，たろうさんに部屋の模様がえの計画を話しています。次の
（1），（2）の各問いに答えましょう。

（1）次の〔会話文〕を読んで，下線部「タイルカーペットを何枚買えばよいか」につ
いて考え，その枚数を整数で書きましょう。

〔会話文〕

かなこ	「ゆかに^注タイルカーペットをしくため，〔メモ〕のように計画を立てま した。タイルカーペットを売っているお店を探しています。」
たろう	「1辺が40cmの正方形のタイルカーペットなら，近所のお店で売ってい ました。わたしもそれを買ったことがあります。」
かなこ	「わたしも，そのお店のタイルカーペットを買うことにします。」
たろう	「Aの部分には，なぜタイルカーペットをしかないのですか。」
かなこ	「ドアの開閉ができなくなってしまうからです。それはそうと，ゆかの端 の部分に，1辺が40cmの正方形のタイルカーペットをしくことができ なくなったら，どうしましょうか。」
たろう	「そのときは，タイルカーペットを半分に切って長方形にしたり，さらに 半分に切って正方形にしたりして，ゆかにしけばよいです。」
かなこ	「ところで，買う枚数が最も少なくて済むにはどうしたらよいでしょう か。」
たろう	「例えば，縦40cm，横20cmの長方形2枚と，1辺が20cmの正方形3枚 が必要な場合は，1辺が40cmの正方形2枚を切ってゆかにしくとよい です。そうすると，買う枚数が最も少なくて済みます。」
かなこ	「1辺が40cmの正方形のタイルカーペットを何枚買えばよいか，確かめ てみましょう。」

^注タイルカーペット：正方形に加工されたじゅうたん。

〔メモ〕

○ 〔部屋のゆかの広さ〕のように，縦2.8m，横3.6mの長方形のゆかにタイル
　カーペットをしきますが，1辺が1mの正方形のAの部分にはしきません。
○ 〔しき方〕のように，タイルカーペット▦のしき方は，ゆかの中心から端に向
　かって，重ならないようにすき間なくしきます。

〔部屋のゆかの広さ〕

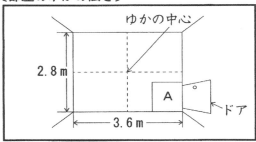

〔しき方〕

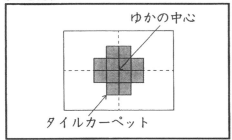

平成31年度

神奈川県立中等教育学校入学者決定検査

適 性 検 査 Ⅱ

（４５分）

———— 注　意 ————

1　「はじめ」の合図があるまで，この検査用紙を開いてはいけません。

2　問題は 問４ まであり，1ページから8ページに印刷されています。

3　問題をよく読んで，答えはすべて 解答用紙 の決められた欄に書きましょう。解答欄の外に書かれていることは採点しません。

4　字数の指定がある問題は，指定された字数や条件を守り，ていねいな文字で書きましょう。次の〔例〕のように，横書きで，最初のマスから書き始めます。段落をかえたり，マスの間をあけたりしないで書きます。文字や数字は1マスに1字ずつ書き，文の終わりには句点〔。〕を書きます。句読点〔。，〕やかっこなども1字に数え，1マスに1字ずつ書きます。

〔例〕

| １ | ２ | 月 | の | 詩 | の | テ | ー | マ | は |
| 、 | 「 | 冬 | の | 朝 | 」 | だ | っ | た | 。 |

5　「やめ」の合図があったら，途中でも書くのをやめ，筆記用具を机の上に置きましょう。

たろうさんは、「どうして勉強しないといけないのか」と疑問に思いました。そこで、調べていくうちに、ある本で３つの回答を見つけました。〔資料〕の回答Ａ～Ｃを読んで、あとの（1）、（2）の各問いに答えましょう。

〔資料〕

回答Ａ　村瀬智之

　この問いにある「勉強」という言葉は、きっと学校で習うようなことを指しているんだよね。ぼくは、そもそも「しないといけない」わけではないと思う。休みたいときもあるだろうし、ほかのことに興味をもつ時期もある。そのときは、それをせいいっぱいしたらいい。世のなかではあまり強調されてはいないけれど生きていく上ではせいいっぱい休まないといけないときだってあるんだ。

　でも、勉強はしておいたほうが「お得」だとも思う。学校で勉強することを全部覚える必要はまったくない。だけど、「こういう種類のことがある」「こんなにいろいろなことが世のなかにはあるんだ」ということは覚えておいたほうがいい。

　それは君の考えの幅を広げてくれる。考えの幅が広がると、君はもっと自由になることができる。アメリカという国自体を知らなければ、アメリカには行きようがない。それと同じだ。多くのことを知り、考えの幅が広がると、注1)選択肢が増える。この選択肢は「可能性」って言いかえてもいい。勉強をすることで君の可能性は広がって、君はどんどん自由になることができるんだ。

回答Ｂ　土屋陽介

　ぼくは注2)哲学対話の授業で中高生たちとしょっちゅう「どうして勉強しないといけないのか」について考えている。そのときぼくがよく言うのは、具体的に「どういう勉強がなぜ必要」で、「どういう勉強がなぜ不必要」かを一つ一つ細かく考えて議論してみるといいよってこと。大事なのは、その勉強が自分にとって好きかきらいかと、その勉強が自分あるいは社会にとって必要かどうかを分けて考えてみることだと思う。（中略）

　たしかに、ほとんどの大人にとっては社会に出てから円の面積を求める機会なんてないから、多くの人は図形の面積の求め方なんて勉強する必要はないかもしれない。でも、技術者や科学者になる一部の人にとっては、これらの知識は基本中の基本として必要だ。だとしたら、これらを学校でみんなが勉強することはやっぱり必要だってことになる。だって、いま、学校に通っているだれがどんな仕事につくかわからないんだから。社会としては、こういう重要な基本的知識は全員の子どもに教える必要があるわけだ。もしかしたら、いまは算数が大きらいなあなたも、ちょっとしたきっかけで将来は技術者や科学者になるのかもしれないよ。

　勉強しないといけない理由は、思っていた以上にたくさん見つかると思う。

回答C　河野哲也

なんのためにやるかわからないことを，無理にやることほどつまらないものはないよね。遊びやスポーツは，やっていること自体が楽しい。勉強のなかには，やってもそれ自体はあまりおもしろくないものがあるかもしれない。たとえば，漢字を覚えるということなんて，わたしも好きではなかった。

でも，知らないことを知ったり，わからないことを考えたりすることは，ほんとうはすごく楽しいことなんだ。（中略）じゃあ，どうすれば楽しく勉強できるかな。

それは，君の好きなことを探求するんだ。絵を見るのが好きなら，いろいろな絵を見る。野球が好きなら，どうやればうまくなるかを注3)徹底的に調べて，練習する。こん虫が好きなら，集めて調べる。君にも何か好きなことがあるはずだよ。

（『子どもの哲学　考えることをはじめた君へ』河野哲也　土屋陽介　村瀬智之　神戸和佳子著より

※一部表記を改めたところがある。）

注1)選択肢：選べるように用意された，いくつかの答え。
注2)哲学対話の授業：話し合うことで考えを深める授業。
注3)徹底的：どこまでもやり通す様子。

（1）〔資料〕から読みとれる内容としてあてはまるものを，次の①～⑥の中からすべて選び，その番号を書きましょう。

①　回答Aでは，勉強のなかにはおもしろくないものがあるかもしれないが，わからないことを考えたりすることは楽しいとしている。

②　回答Bでは，勉強が自分にとって好きかきらいかと，勉強が自分または社会にとって必要かどうか分けて考えればよいとしている。

③　回答Cでは，子どもの気持ちを理解しながらも，勉強をしておいたほうが得であるとしている。

④　勉強することで，自分の考えの幅が広がり，自由になれると言っている回答がある。

⑤　将来，どんな仕事につくかわからないから，基本的知識を全員の子どもに教える必要があると言っている回答がある。

⑥　知らないことやわからないことを調べるのは，楽しい勉強ではないと言っている回答がある。

（2）次の2つのことについて，全体で120字以上150字以内で書きましょう。

・　〔資料〕の回答A，回答B，回答Cのうち，あなたが最も共感した回答はどれですか。1つ選び，その回答を選んだ理由とともに書きましょう。

・　あなたは，これから何をどのような方法で勉強したいですか。自分の考えを具体的に書きましょう。

かなこさんたち5年生の代表が，3月に行う「6年生を送る会」の準備をしています。次の（1），（2）の各問いに答えましょう。

（1）次の〔会話文〕を読んで，〔プログラム案〕の下線部「1～5年生の出し物」の順番について，〔前回決まったこと〕に合うものが何通りあるか，書きましょう。

〔会話文〕

| かなこ | 「6年生を送る会では，〔プログラム案〕，〔1～5年生の出し物の構成〕にあるように，各学年から6年生に向けて，歌や呼びかけ，劇やダンスなど，出し物を発表することになりました。」 |
| たろう | 「これから，〔プログラム案〕の③，1年生から5年生の出し物の順番を決めます。〔前回決まったこと〕に合うように順番を決めていきましょう。」 |

〔プログラム案〕

① 6年生の入場（3分間）
② はじめの言葉（2分間）
③ 1～5年生の出し物（30分間）
④ 6年生の出し物（5分間）
⑤ おわりの言葉（2分間）
⑥ 6年生の退場（3分間）

〔1～5年生の出し物の構成〕

1年生　劇と歌
2年生　呼びかけと歌
3年生　歌とダンス
4年生　歌とダンス
5年生　呼びかけと歌

〔前回決まったこと〕

○　1年生は初めての行事のため，最初にはしない。
○　〔1～5年生の出し物の構成〕の，2年生と5年生は同じ構成なので，連続にはしない。また，3年生と4年生も同じ構成なので，連続にはしない。
○　〔プログラム案〕の③の最後は5年生が行い，④の6年生の出し物につなげる。

（2）6年生の退場のときに，5年生の代表が7本の花のアーチを持ち，6年生に通ってもらうことになりました。〔作り方〕のように花のアーチを作るとき，白とオレンジのお花紙はそれぞれ何枚必要か，書きましょう。ただし，アーチの太さは考えないものとします。また，円周率は3.14として計算しましょう。

〔作り方〕

○　花のアーチは7本作ります。
○　アーチの形は〔図〕のように，直径2mの円の円周を半分にした形です。
○　〔図〕のように，アーチに花を付けていきます。ただし，6年生に向ける側にだけすき間なく付け，反対側には付けません。
○　アーチの両端からそれぞれ40cmを手で持つ部分にし，花を付けません。
○　花は，〔お花紙の重ね方〕のようにお花紙を7枚重ねて作ります。
○　花は，1〜2枚めと，3〜7枚めが別の色になるように2色で作ります。使う色の組み合わせは，〔表〕のように，付けるアーチによって異なります。
○　花は，〔完成した花〕のように，外側の直径が13cmになるように丸く形を整えます。

〔図〕

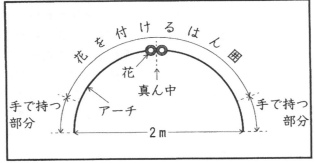

〔お花紙の重ね方〕

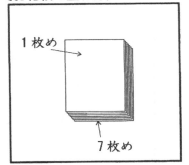

1枚め

7枚め

〔表〕

アーチ	1〜2枚め	3〜7枚め
1本め	オレンジ	赤
2本め	黄色	オレンジ
3本め	白	黄色
4本め	オレンジ	緑
5本め	白	水色
6本め	水色	青
7本め	オレンジ	むらさき

〔完成した花〕

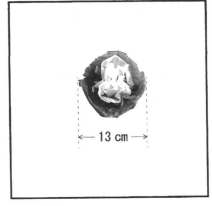

← 13cm →

たろうさんとかなこさんは，遠足で動物園に行き，飼育員さんが鳥のタカを飛ばしている様子を見ました。〔会話文〕を読んで，あとの（1），（2）の各問いに答えましょう。

〔会話文〕

先生	「飼育員さんは，なぜタカを飛ばしていたのですか。」
たろう	「タカ狩りの訓練をしていたからです。タカ狩りとは，昔から行われていた狩りで，人間が訓練したタカを使ってウサギなどの野生動物をつかまえる方法だそうです。動物園で見せていたのは，訓練の1つでタカをはなれた場所から目標物まで飛ばすというものでした。」
先生	「そういう狩りがあるのですね。では，なぜタカを使うのですか。」
かなこ	「飼育員さんの話では，タカは狩りを得意としているから，ということでした。タカのとがった口ばし，するどいつめは，動いているウサギなどのえものをつかまえるために発達したそうです。」
たろう	「それに，タカは遠くにいる動物を見つけることができると聞きました。」
かなこ	「タカの視力はどのくらいになるのでしょう。」
先生	「タカの目の仕組みは人間と異なり，単純には比べられませんが，人間と同じ方法で測ったとしたら，タカの視力は人間の約8倍あると言われています。」
たろう	「そうなのですね。ところで，人間の視力はどのように測りますか。」
先生	「くわしく説明すると，〔図1〕の図形を使い，すき間の位置が分かるかどうかで視力を測ります。その図形は，直径の異なる2つの円からできる輪で，一部が切れてすき間があります。また，輪の太さとすき間の幅が同じで，大きい円の直径は輪の太さの5倍です。〔図2〕の大きさの図形を，〔図3〕のようにきょりが5mはなれたところから見て，すき間の位置が分かった場合，視力1.0と判定します。なお，視力を表す数は，大きい方がよく見えるということになります。」
かなこ	「視力1.0以外の視力はどのように測りますか。」
先生	「例えば，きょりを変えて測ります。〔図2〕を使い，きょり5mを2倍した10m先から見て，すき間の位置が分かれば視力を2.0と判定し，5mの半分である2.5m先から見て，すき間の位置が分かれば視力を0.5と判定します。」
たろう	「学校の視力検査では，きょりを変えずに測りました。」
先生	「学校では5mのきょりを変えずに，〔図1〕の図形の大きさを変えて測ります。ただし，輪の太さとすき間の幅と大きい円の直径の関係は変わりません。また，視力は，【1.5÷（すき間の幅）】で計算できます。」
かなこ	「視力が1.0であれば，1.5÷1.5＝1.0ということですね。」
先生	「そうです。では，すき間の幅が3mmのとき，視力はいくつですか。」
たろう	「1.5÷3＝0.5と計算でき，視力は0.5となります。」
かなこ	「では，視力が人間の約8倍あるタカはどのように見えているのでしょう。」

平成31年度

神奈川県立中等教育学校入学者決定検査

グループ活動による検査
（４０分）

～全体の進め方～

1　自分の考えをまとめる。　　　（5分）

2　グループで話し合いをする。　（35分）

---------- 注　　意 ----------

1　「はじめ」の合図があるまで，この検査用紙を開いては
いけません。

2　「やめ」の合図があったら，途中でも活動をやめましょう。

3　自分の考えをまとめる。は，それぞれで取り組みましょう。

4　グループで話し合いをする。は，司会や書記などの係は決め
ないで，みんなで取り組みましょう。

課題 次の文章を読んで，あとの（1）〜（4）に取り組みましょう。

あなたは，神奈川県立中等教育学校の１年生とします。県立中等教育学校では，学年やクラスの交流を深める行事の１つとして，宿泊学習を行っています。

その宿泊学習のキャンプファイヤーの時間に，今年は「みんなで力を合わせる」をテーマとして班ごとに 10 人で出し物を行うことになりました。あなたは班員として，出し物の内容をどのようにすればよいか，具体的に計画しましょう。

自分の考えをまとめる。（5分）

（1）みんなに発表できるように，あなたの考えと，そのように考えた理由を，下の欄に書きましょう。

あなたの考えとその理由

○　県立中等教育学校の６年間で，あなたはどのように行事に取り組んでいきたいと思いますか。

○　「みんなで力を合わせる」をテーマとした出し物を行うことについて，あなたはどのような内容にすればよいと思いますか。

平成 31 年度

神奈川県立中等教育学校入学者決定検査

グループ活動による検査
（４０分）

~ 全 体 の 進 め 方 ~

1 自分の考えをまとめる。　　（5分）

2 グループで話し合いをする。（35分）

―――――― 注　　意 ――――――

1 「はじめ」の合図があるまで，この検査用紙を開いては
いけません。

2 「やめ」の合図があったら，途中でも活動をやめましょう。

3 自分の考えをまとめる。 は，それぞれで取り組みましょう。

4 グループで話し合いをする。 は，司会や書記などの係は決め
ないで，みんなで取り組みましょう。

あなたは，神奈川県立中等教育学校の1年生とします。県立中等教育学校では，学年やクラスの交流を深める行事の1つとして，宿泊学習を行っています。

その宿泊学習のキャンプファイヤーの時間に，今年は「みんなで支え合う」をテーマとして班ごとに10人で出し物を行うことになりました。あなたは班員として，出し物の内容をどのようにすればよいか，具体的に計画しましょう。

自分の考えをまとめる。（5分）

（1）みんなに発表できるように，あなたの考えと，そのように考えた理由を，下の欄に書きましょう。

あなたの考えとその理由

○ 県立中等教育学校の6年間で，あなたはどのように行事に取り組んでいきたいと思いますか。

○ 「みんなで支え合う」をテーマとした出し物を行うことについて，あなたはどのような内容にすればよいと思いますか。

問2

（1）

ア

イ

（2）

ア
　　　　　　　秒

イ

※ 問3 ， 問4 の答えを書く欄は，裏にあります。 ——————→

下の欄には
記入しない

問2
（1）
ア
20点

イ
20点

（2）
ア
20点

イ
20点

受検番号	氏　名

問3

(1)
```
                    枚
```

(2)
```
                cm³
```

下の欄には
記入しない

問3
（1）

30点

（2）

40点

問2

（1）

通り

（2）

白
枚

オレンジ
枚

下の欄には
記入しない

問2
（1）
30点

（2）
40点

※ | 問3 | , | 問4 | の答えを書く欄は，裏にあります。 ──➤

受 検 番 号	氏　　　名

問3

(1)

（2）

ア

mm

イ

mm

【解答用

問4

（1）

（2）

下の欄には
記入しない

問4
（1）

40点

（2）

40点

適 性 検 査 II 解 答 用 紙 （平成31年度）

受 検 番 号	氏　　　名

問1

（1）

（2）※表紙の ── 注　意 ── の4をよく読んで書きましょう。

120

150

問4

(1)  ため

                  5   10

(2)
ア

イ ※[ ]に数を書きましょう。

午前7時 [ ] 分 [ ] 秒

適 性 検 査 Ⅰ 解 答 用 紙 （平成31年度）

受 検 番 号	氏 名

問 1

（1）

（2）

ため

15　　　　　　　　　　　　　　　20

※次の（2），（3），（4）の順番で取り組みましょう。

（2）あなたの考えと，そのように考えた理由を，1分ぐらいで発表しましょう。

（3）それぞれの発表をもとに，「みんなで支え合う」をテーマとした出し物の具体的な
　　内容について話し合いましょう。必要があれば，画用紙とフェルトペンを使いましょ
　　う。

（4）みんなの意見をまとめて，グループとして1つの案をつくりましょう。

| グループで話し合いをする。 | （35分） |

※次の（2），（3），（4）の順番で取り組みましょう。

（2）あなたの考えと，そのように考えた理由を，1分ぐらいで発表しましょう。

（3）それぞれの発表をもとに，「みんなで力を合わせる」をテーマとした出し物の具体的な内容について話し合いましょう。必要があれば，画用紙とフェルトペンを使いましょう。

（4）みんなの意見をまとめて，グループとして1つの案をつくりましょう。

〔図1〕視力検査で使う図形

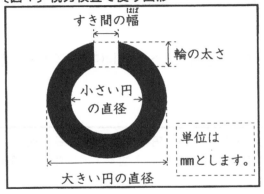

すき間の幅
輪の太さ
小さい円
の直径
大きい円の直径
単位は
mmとします。

〔図2〕視力検査で使う図形の例

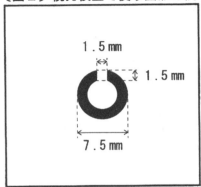

1.5 mm
1.5 mm
7.5 mm

〔図3〕

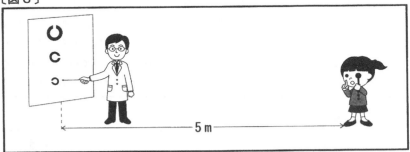

5 m

（1）〔会話文〕の内容として，あてはまるものを次の①～⑤の中からすべて選び，その番号を書きましょう。

① タカ狩りは，人間がタカをつかまえることをいう。
② タカのするどいつめは，野生動物をつかまえるために発達した。
③ きょり4mで，視力1.0と判定されるとき，すき間の幅は1.5mmよりせまくなる。
④ きょり5mで，視力0.3と判定されるとき，すき間の幅は1.5mmよりせまくなる。
⑤ きょり10mで，視力2.0と判定されるとき，輪の太さは1.5mmになる。

（2）動物園で訓練を見たとき，タカと目標物までのきょりは120mでした。タカから120m先に〔図1〕の図形を置き，人間と同じ方法で測り，タカの視力が8.0になったとします。このとき，次のア，イの各問いに答えましょう。

ア 〔図1〕のすき間の幅は何mmか，書きましょう。

イ 〔図1〕の小さい円の直径は何mmか，書きましょう。

問4　かなこさんは，算数の授業で，石並べを行いました。次の（1），（2）の各問いに答えましょう。

（1）次の〔会話文〕を読んで，下線部「何番めに白を並べたか」について考え，その番号をすべて書きましょう。

〔会話文〕

先生	「〔図1〕のように，白と黒に分かれている円柱の形をした石を使って，石並べをします。例えば，〔図2〕のように石7個を1列に並べ，〔条件1〕に従って点数を数えた場合は合計で何点ですか。」
かなこ	「1番めは1点，2番めは2点，3番めは3点，4番めは5点，5番めは1点，6番めは2点，7番めは0点で，合計は14点になります。」
先生	「次に，〔図3〕のように石10個を左から1列に並べ，その列に，11番めに白，12番めに白を追加した場合は28点になります。また，11番めに白，12番めに黒を追加した場合は27点になります。このとき，1番めから5番めまでの石のうち，<u>何番めに白を並べたか</u>，わかりますか。」

〔図1〕石を真上の方向⬇から見た場合

「白」とします。　「黒」とします。

〔図2〕

1番め　　　　7番め

〔条件1〕

○　1列に並べた石の数え方は，左から1番め，2番め，3番め，……などの連続した番号（1，2，3，……）で数えていきます。

○　石を，1個も並べない場合は0点とします。

○　白を1個並べた場合は1点とします。白が連続した場合，2個めは2点，3個めは3点のように個数が1つ増えるたびに，点数が1点ずつ増えていきます。

○　黒を並べた場合の点数は0点または5点とします。0点となるのは，奇数番め（1番め，3番め，5番め，……）に並べた場合とします。5点となるのは，偶数番め（2番め，4番め，6番め，……）に並べた場合とします。

○　最後に，並べた石の点数の合計を計算します。

〔図3〕

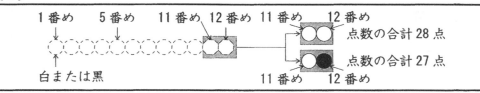

（2）次に20個の石を〔条件2〕に従って並べました。この石並べが終わったとき，黒い石に書かれた数をすべてたすといくつになるか，合計した数を書きましょう。

〔条件2〕

○ 石を並べる紙は，〔100マスの紙〕のように「一」～「十」の行と，「あ」～「こ」の列があり，全部で100マスあります。

○ 〔図4〕のように石の両面には，同じ数が書かれています。また，20個の石には1～20の数がそれぞれ書かれており，⑥と❻は「6」，⑨と❾は「9」です。

○ 〔並べ方〕の㋐～㋕の順番に従って石並べを行います。

〔100マスの紙〕

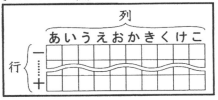

〔図4〕1個の石を真上の方向⬇から見た場合

⬇　石は白で，数が1の場合には，「①」とします。

⬇　石は黒で，数が1の場合には，「❶」とします。

〔並べ方〕

㋐ 〔図5〕のように「一」と「二」の行に，①～⑳を並べます。

㋑ 〔図5〕の「二」の行にある石をすべてひっくり返し，〔図6〕のようにします。

㋒ 〔図6〕の石の色はそのままで，並べる行を1行増やし，「一」～「三」の行に並べかえ，〔図7〕のようにします。

㋓ 〔図7〕の「三」の行にある石をすべてひっくり返し，〔図8〕のようにします。

㋔ さらに，並べる行を1行増やし，石の色はそのままで並べかえ，増やした行にある石をすべてひっくり返します。

㋕ ㋔を「十」の行まで続けます。

〔図5〕

〔図6〕

〔図7〕

〔図8〕

※問題は，これで終わりです。

このページには，問題は印刷されていません。

このページには，問題は印刷されていません。

（2）かなこさんは，タンスと机のすき間を有効に利用するために，そのすき間に入る大きさの棚を作る計画を立てました。〔製作の計画〕を読み，〔設置する場所〕，〔棚〕，〔図1〕～〔図3〕，〔車輪〕を見て，〔図2〕の2段めの容積（ウの板を閉めたときの内側の体積）は何cm³になるか，書きましょう。ただし，板と板の接するところにすき間はなく，四角形の穴は2段めの容積にふくめないものとします。

〔製作の計画〕

○ 棚は，〔設置する場所〕のように，タンスと机のすき間に設置します。

○ タンスと机のすき間は，20cmです。

○ タンスと棚との間と，棚と机との間は，それぞれ1cmあけます。

○ ゆかの面からアの板の上の面までの高さは，〔設置する場所〕のように，机の高さ75cmと同じにします。

○ タンスと棚と机の幅はすべて同じで，70cmにします。

○ 〔棚〕のように，注)取っ手と車輪を付けます。

○ ウの板を開閉するために，ウの板に四角形の穴をあけ，アとウの板を金具でつなぎます。

○ イとエとオの板は，ゆかの面と接しないようにします。

○ ア～キの板の厚さは，1cmにします。

注)取っ手：手でつかむために戸などに取り付けたもの。

〔設置する場所〕

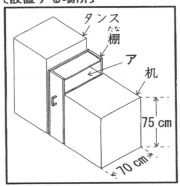

〔棚〕

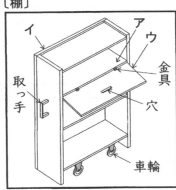

〔図1〕

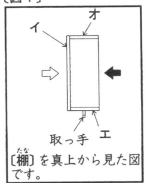

〔棚〕を真上から見た図です。

〔図2〕矢印◀側から見た図

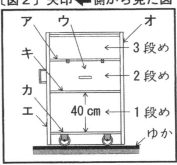

〔図3〕矢印▷側から見た図

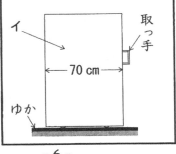

〔車輪〕

車輪には板に取り付けるための部品が付いています。

-6-

　たろうさんとかなこさんは，交差点の信号について調べました。次の（1），
　　　　（2）の各問いに答えましょう。

（1）次の〔会話文1〕を読んで，交差点のすべての信号が赤になっている時間がある
　　理由を考え，〔会話文1〕の□□□□□にあてはまる内容を，5字以上10字以内でま
　　とめて書きましょう。

　　〔会話文1〕

たろう	「歩行者用の信号は，青，青の点めつ，赤の順番でくり返されます。」
かなこ	「歩行者が安全にわたれるように，横断歩道の長さなどによって，信号の時間が決まっています。青の点めつの時間があることで，青でわたりきれなかったときに，そのまま横断する，または引き返す時間を確保しています。」
たろう	「車両用の信号は，青，黄色，赤の順番でくり返されます。」
かなこ	「青から赤へすぐに変わらないのは，歩行者用信号と同じです。」
たろう	「交差点を見たとき，すべての信号が赤になっている時間がありました。何か理由があるのですか。」
先生	「それは，交差点にまだ残っている車などが，出て行くことができるようにするためです。」
かなこ	「そうなのですね。」
先生	「こうした仕組みは，車などの□□□□□□□□ためのものです。」

（2）たろうさんとかなこさんは，さらに調べていくうちに，バスを優先して通行させ
　　る信号があることがわかりました。次の〔会話文2〕を読んで，あとのア，イの各
　　問いに答えましょう。

　　〔会話文2〕

かなこ	「バスを優先して通行させる信号について調べました。」
たろう	「この信号は，信号機の手前に設置されている受信機の下をバスが通過したとき，バスの通過を信号機に伝え，信号機は青の時間を延長し，バスの通行を優先させる仕組みになっています。」
かなこ	「わたしがかいた〔図〕を見てください。バスが受信機Ⓐを通過したとき，信号機あにバスの通過を伝え，あが青であれば，青の時間が延長されます。」
たろう	「受信機Ⓑは信号機いにバスの通過を伝えます。」
かなこ	「あが青の時間を延長すると，いは赤の時間が延長されます。同じようにいが青の時間を延長すると，あは赤の時間が延長されます。」
たろう	「この信号では〔信号の設定〕のようになっていました。」
先生	「よくまとめましたね。例を1つ考えましょう。いが，黄色から午前7時30分0秒に赤になったとします。この次はあが赤から青になります。それでは，午前7時30分25秒のとき，あは何色ですか。」

　　　　　　　　　　　　　　　　　　　　　　　　　　【適

かなこ　「その25秒間に，バスが⒜を1台も通過していないとすると，□□□□□□です。」

先生　「そうですね。そのまま続けて午前7時31分30秒に，バスが⒜と⒝をそれぞれ1台ずつ同時に通過したとします。そのあとあが青になるのは，<u>午前7時何分何秒</u>ですか。ただし，午前7時30分0秒以降，受信機を通過したバスはこの2台以外にないものとしましょう。」

〔図〕

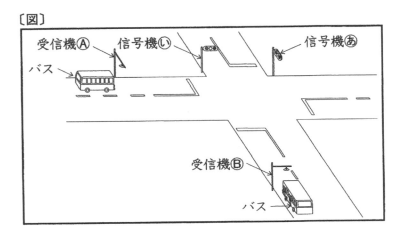

〔信号の設定〕

○　〔図〕の交差点にある信号は，すべてが赤になる時間が3秒間あります。

○　信号機あは，青が20秒間，黄色が5秒間，赤が26秒間の順番でくり返されます。

○　信号機あは，青になって10秒後から16秒後までにバスが受信機⒜を通過すると，青が6秒間延長されます。

○　信号機いは，青が15秒間，黄色が5秒間，赤が31秒間の順番でくり返されます。

○　信号機いは，青になって7秒後から11秒後までにバスが受信機⒝を通過すると，青が4秒間延長されます。

ア　〔会話文2〕の□□□□□□にあてはまる色を，次の①〜③の中から1つ選び，その番号を書きましょう。

①　青　　　　②　黄色　　　③　赤

イ　〔会話文2〕の下線部「午前7時何分何秒」の時刻について考え，解答欄の[　　]にあてはまる数を書きましょう。

※問題は，これで終わりです。

-8-

このページには，問題は印刷されていません。

このページには，問題は印刷されていません。

受検番号	氏　名

平成30年度

神奈川県立中等教育学校入学者決定検査

適性検査 Ⅰ

（45分）

─────── 注　意 ───────

1　「はじめ」の合図があるまで，この検査用紙を開いてはいけません。

2　問題は 問4 まであり，1ページから8ページに印刷されています。

3　問題をよく読んで，答えはすべて 解答用紙 の決められた欄に書きましょう。解答欄の外に書かれていることは採点しません。

4　解答を線で囲む問題は，次の〔例〕のように，線で囲みましょう。
　〔例〕
　　（みかん）

5　字数の指定のある問題は，指定された字数や条件を守り，わかりやすく，ていねいな文字で書きましょう。次の〔例〕のように，横書きで，最初のマスから書き始め，段落をかえたり，マスの間をあけたりしないで書きます。文字や数字は1マスに1字ずつ書き，文の終わりには句点〔。〕を書きます。句読点〔。，〕やかっこなども1字に数え，1マスに1字ずつ書きます。
　〔例〕

1	2	月	の	詩	の	テ	ー	マ	は
，	「	冬	の	朝	」	だ	っ	た	。

6　「やめ」の合図があったら，途中でも書くのをやめ，筆記用具を机の上に置きましょう。

☆

　　かなこさんとたろうさんは，総合的な学習の時間に，神奈川県の森林について，クラスのみんなに発表する準備をすることになりました。〔会話文〕，〔資料1〕～〔資料4〕を読んで，あとの（1），（2）の各問いに答えましょう。

〔会話文〕

先生	「神奈川県の特ちょうについて調べましたか。」
たろう	「神奈川県は，全国47都道府県の中で土地の面積が5番目に小さく，2416平方キロメートルです。」
かなこ	「人口は，平成25年1月1日時点で9072533人と全国で2番目に多い県です。」
先生	「それでは，今日は神奈川県の森林について，詳しく調べましょう。」

〔資料1〕

　神奈川県の森林の面積は，年々少なくなってきて，げんざいでは県全体の約39パーセント（2013年（平成25年））となっています。

　森林は，木材を生産するほかに，緑のダムとよばれ，水源や自然かんきょうを守る大切な役割を果たしています。

　一度人間の手の加わった森林は，手入れをしないとあれてしまうので，県では自然かんきょうをこわさないような方法で林道をつくり，手入れをする手伝いをしています。

（『わたしたちの神奈川県（平成28年版）』より）

〔資料2〕

　私たちの郷土かながわは，県土面積の39%が森林におおわれており，1人あたりの森林面積は104平方メートルとなっています。これは，全国平均と比べ，非常に少ない数値となっています。この貴重な森林の多くは水源地域に位置しており，注1)清浄な水や空気を育む母体として，県民一人ひとりの生活にとって，かけがえのない「生命の源泉」とも言うべき重要な役割を注2)担っています。

（神奈川県環境農政局緑政部水源環境保全課　ホームページより）

注1)清浄：清らかでけがれのないこと。　注2)担う：受けもつ。

〔資料3〕

　森林にたくさんの二酸化炭素を吸いこんでもらうためには，山に木を植えたり，しっかり手入れしたりして，元気な森林をつくらなければならないんだ。

　1本の元気なスギの木は，1年で14キログラムの二酸化炭素を吸いこんでくれる。これは車1台が出す量を160本のスギの木で吸いこんでしまう計算になる。

　元気な森林は，これだけじゃなく，土の中にたくさんのすき間があってスポンジみたいにたくさんの水をたくわえてくれる。だから，洪水や水不足を防ぐ「緑のダム」になる。それに，しっかりと根を張って土や石をつかんでいるから，土砂崩れも防いでいる。強い風を防いだり，水や空気をきれいにする働きもあるんだ。

（林野庁『絵で見る森林・林業白書　森林が元気になれば…』より　※一部表記を改めたところがある。）

【適

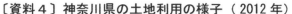

〔資料４〕神奈川県の土地利用の様子（2012年）

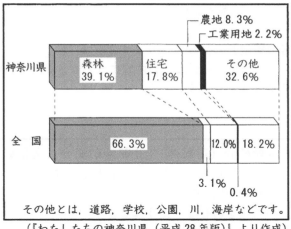

農地 8.3%
工業用地 2.2%

神奈川県　森林 39.1%　住宅 17.8%　その他 32.6%

全国　66.3%　　12.0%　18.2%

3.1%
0.4%

その他とは，道路，学校，公園，川，海岸などです。

（『わたしたちの神奈川県（平成28年版）』より作成）

（1）〔会話文〕，〔資料１〕～〔資料４〕の内容として，あてはまるものを次の①～⑤の中からすべて選び，その番号を書きましょう。

① 1年で，160本のスギの木が吸いこむ二酸化炭素の量は14kgになる。
② 神奈川県は人口が多く，土地利用は全国平均と比べて住宅や工業用地の割合が大きく，森林の割合が小さい。
③ 神奈川県の土地の面積は，全国の都道府県の中で，大きい順で第43位である。
④ 神奈川県では森林を守るために，住宅や工場をできるだけつくらないようにし，森林面積を増やしている。
⑤ 神奈川県では，一度人間の手が加わった森林をそのままにして，回復するのを待っている。

（2）かなこさんとたろうさんは，〔資料１〕～〔資料３〕に書かれていることをふまえて，「かながわの森林について」というタイトルで，発表の原こうを作っています。
次の〔原こう〕の中の□□□□□にあてはまる内容を，25字以上30字以内でまとめて書きましょう。

〔原こう〕かながわの森林について

　　森林は，木材を生産するほかに，二酸化炭素を吸いこむなど，きれいな水や空気を育む母体として「生命の源泉」とも言うべき役割をもっています。また，森林は，□□□□□□□□□□□□□□□□□□□□□□□□ので，こう水や水不足を防ぐ働きがあり，水源や自然かんきょうを守る「緑のダム」と言われています。さらに，しっかりと根を張って土や石をつかんでいるから，土砂くずれも防ぐことができます。
　　かながわでは，自然かんきょうをこわさないように気をつけながら，林道をつくり，森の手入れをする手伝いをしています。

　中等教育学校では，生徒たちが新入生用の学校紹介パンフレットを作って
います。次の（1），（2）の各問いに答えましょう。

（1）学校紹介パンフレットを〔内容の構成〕に従って作ります。
　　〔内容の構成〕を読んで，6ページと18ページはどの内容になるか，あとの①～⑦
　　の中からそれぞれ選び，その番号を書きましょう。

〔内容の構成〕

○　内容は，「年間行事」，「部活動紹介（運動部）」，「部活動紹介（文化部）」，
「体育祭」，「文化祭」，「学習」，「上級生からのアドバイス」とします。
○　それぞれの内容ごとに，まとめてのせます。
○　1つのページには，2つ以上の内容をのせないようにします。
○　内容は，全部で24ページとします。
○　部活動を紹介する内容を中心にまとめるため，「部活動紹介（運動部）」
と「部活動紹介（文化部）」を合わせたページ数は，すべての内容のページ数の
3分の1にします。
○　「部活動紹介（運動部）」と「部活動紹介（文化部）」のページ数の割合は部の
数がちがうため，3：1にします。
○　はじめの3ページは，「年間行事」にします。
○　「学習」は，ページ数を3ページ分にし，全体の前半にのせます。
○　「体育祭」は，11，12ページにのせます。
○　「体育祭」と「文化祭」は，同じページ数にし，「体育祭」「文化祭」，または
「文化祭」「体育祭」の順で連続してのせます。
○　「部活動紹介（運動部）」は，「体育祭」の前または後にし，「体育祭」と連続
してのせます。
○　「部活動紹介（文化部）」は，「文化祭」の前または後にし，「文化祭」と連続
してのせます。
○　最後の内容は，「上級生からのアドバイス」にします。

① 年間行事
② 部活動紹介（運動部）
③ 部活動紹介（文化部）
④ 体育祭
⑤ 文化祭
⑥ 学習
⑦ 上級生からのアドバイス

　　　　　　　　　　　　　　　　　　　　　　　　　　　　　　　　　【適

（2）学校紹介パンフレットを，〔ページの構成〕に従って〔図1〕のように7枚の紙を使い製本します。〔図2〕を見て，下から数えて5枚目の紙のア，イ，ウ，エに入るページ番号を，それぞれ書きましょう。

〔ページの構成〕　〔図1〕

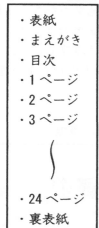

・表紙
・まえがき
・目次
・1ページ
・2ページ
・3ページ
〜
・24ページ
・裏表紙

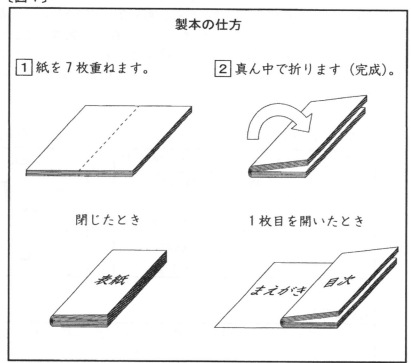

製本の仕方

1 紙を7枚重ねます。

閉じたとき

2 真ん中で折ります（完成）。

1枚目を開いたとき

表紙

まえがき　目次

〔図2〕

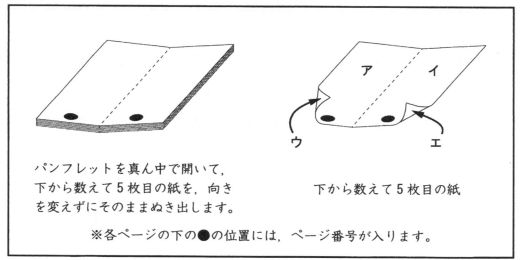

パンフレットを真ん中で開いて，下から数えて5枚目の紙を，向きを変えずにそのままぬき出します。

下から数えて5枚目の紙

ア　イ　ウ　エ

※各ページの下の●の位置には，ページ番号が入ります。

問3　たろうさんとかなこさんは，理科の授業で，回路について学習しています。次の（1），（2）の各問いに答えましょう。

（1）〔図1〕のような，豆電球3個と，たんし4個がついた，中が見えない箱があります。この箱の中では，豆電球㋐～㋒と，たんし㋐～㋓が導線でつながっています。たろうさんとかなこさんは，たんし㋐～㋓に〔図2〕のかん電池をつなぎ，豆電球㋐～㋒の明かりがつくか，つかないかを実験し，〔実験結果〕にまとめました。〔図1〕の中が見えない箱の中で，豆電球㋐～㋒と，たんし㋐～㋓は導線でどのようにつながっているでしょうか。あてはまるものを，あとの①～⑤の中から1つ選び，その番号を書きましょう。

〔図1〕中が見えない箱

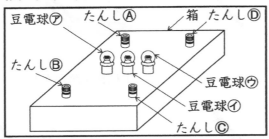

〔図2〕かん電池と導線

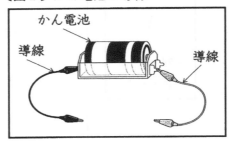

〔実験結果〕

つないだたんし	Ⓐとわ	ⒷとⒸ	ⒶとⒸ	ⒷとⒹ	ⒸとⒹ	ⒶとⒹ
豆電球㋐	つく	つく	つかない	つく	つかない	つかない
豆電球㋑	つかない	つく	つく	つかない	つく	つかない
豆電球㋒	つかない	つかない	つかない	つく	つく	つく

①

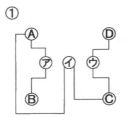

②

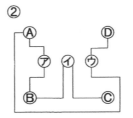

③

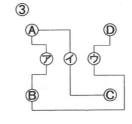

④

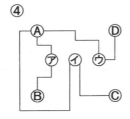

⑤

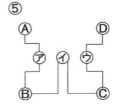

平成30年度

神奈川県立中等教育学校入学者決定検査

適 性 検 査 Ⅱ

（４５分）

───── 注　　意 ─────

1　「はじめ」の合図があるまで，この検査用紙を開いてはいけません。

2　問題は 問4 まであり，1ページから8ページに印刷されています。

3　問題をよく読んで，答えはすべて 解答用紙 の決められた欄に書きましょう。解答欄の外に書かれていることは採点しません。

4　解答を線で囲む問題は，次の〔例〕のように，線で囲みましょう。
　〔例〕
　　　みかん

5　字数の指定のある問題は，指定された字数や条件を守り，わかりやすく，ていねいな文字で書きましょう。次の〔例〕のように，横書きで，最初のマスから書き始め，段落をかえたり，マスの間をあけたりしないで書きます。文字や数字は1マスに1字ずつ書き，文の終わりには句点〔。〕を書きます。句読点〔。，〕やかっこなども1字に数え，1マスに1字ずつ書きます。
　〔例〕

１	２	月	の	詩	の	テ	ー	マ	は
，	「	冬	の	朝	」	だ	っ	た	。

6　「やめ」の合図があったら，途中でも書くのをやめ，筆記用具を机の上に置きましょう。

〔資料１〕

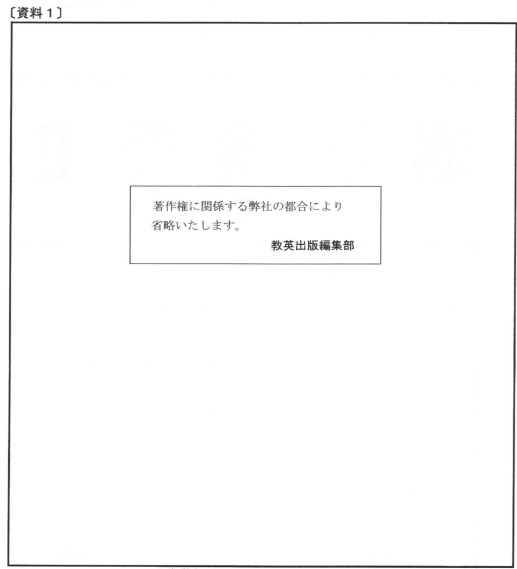

著作権に関係する弊社の都合により
省略いたします。

　　　　　　　　教英出版編集部

（日経文庫『ＡＩ（人工知能）まるわかり』古明地正俊　長谷佳明著より
※一部表記を改めたところがある。）

注1)既存：すでに存在すること。　　　　　注2)代替：代わりにすること。
注3)推移：時がたつにつれて状態が変わること。　注4)従事：仕事として関わること。
注5)従来：今まで。　　　　　　　　　　　注6)業務：仕事。
注7)コスト：必要な費用。

〔資料２〕日本の人口（2015年と2030年（予測））

年	総人口	0〜14歳人口	15〜64歳人口	65歳以上人口
2015	12710万人	1595万人	7728万人	3387万人
2030	11913万人	1321万人	6875万人	3716万人

（国立社会保障・人口問題研究所『日本の将来推計人口（平成29年推計）』より作成）

（１）〔資料１〕，〔資料２〕から読みとれる内容としてあてはまるものを，次の①〜⑤の中からすべて選び，その番号を書きましょう。

① AIの進化によって，人間のすべての仕事を，ロボットが行うことができるようになった。
② AIは，初めて開発されたときから，視覚情報をもとに物を識別することができる性能をもっていた。
③ 日本の生産年れい人口が減少する速さは，世界の中ではゆるやかな方である。
④ 子どもが経験から学んでいくのと同じように，学習することができるAIが利用可能になってきている。
⑤ 日本の生産年れい人口は，2015年から2030年の間で，800万人以上減少すると予測されている。

（２）次の２つのことについて，全体で120字以上150字以内で書きましょう。
　　ただし，AIは，AとIをそれぞれ1マスに1字ずつ書きましょう。

・ 〔資料１〕から，日本の課題または問題と，AIやロボットを活用することにより，その課題（問題）の解決に向けてどのような可能性があるかについて書きましょう。
・ AIを活用していくために，あなたはこれから具体的にどのようなことを，どのような理由で学びたいと思いますか。自分の考えを書きましょう。

たろうさんの学級では，体育の授業でバスケットボールを行っています。次の〔会話文1〕，〔特別ルール〕を読んで，あとの（1），（2）の各問いに答えましょう。

〔会話文1〕

たろう	「前回，バスケットボールの試合をしたときに，わたしはバスケットボールが苦手なので，1度もシュートをすることができませんでした。」
かなこ	「わたしも，ほとんどボールを持つことができませんでした。」
先生	「そうですね。では，今回は〔特別ルール〕で試合をしてみましょう。」

〔特別ルール〕

○ 5人ずつの2つのチームで，試合を行います。

○ 試合は，チームごとに，こうげき側と守備側に分かれて行います。

○ こうげき側のチームが5回連続でこうげきをし，5回のこうげきが終わったら，守備側と交代します。

○ 先に守備側だったチームが5回こうげきをしたら，試合は終わりになります。

○ 1回のこうげきは，シュートの成功や失敗にかかわらず，こうげき側のチームのだれかがシュートをするか，パスやドリブルを失敗し，相手にボールをとられた場合に終了となります。

○ シュートを入れた得点は5点としますが，その試合で，同じ人が再びシュートを入れた場合の得点は1点とします。

○ 1回のこうげきで，こうげき側のチーム全員がボールを持ち，シュートが成功した場合は，さらに5点を追加します。

○ 5回のこうげきの得点の合計が，チームの点数となります。

（1）〔会話文1〕の下線部「〔特別ルール〕」について，先生が〔特別ルール〕を考えた理由として，あてはまるものを，次の①～⑤の中からすべて選び，その番号を書きましょう。

① シュートの得点を5点とすることで，チームのシュート数を増やすため。

② バスケットボールの苦手な人が，長くボールを持ち続けるようにするため。

③ より多くの人がシュートをするようにするため。

④ こうげき側のチームが5回連続でこうげきをすることで，守備の時間を短くし，こうげきの時間を長くするため。

⑤ バスケットボールが苦手な人もボールを持つ機会を増やすため。

（2）たろうさんのチームでは，〔**特別ルール**〕での試合の流れを，ふりかえることができるように，試合の記録の方法を考えました。〔**会話文2**〕を読み，〔**試合の記録**〕，〔**試合の記録のかき方**〕を見て，解答欄に5回目のこうげきの記録の続きをかき，〔**試合の記録**〕を完成させましょう。

〔**会話文2**〕

先生	「たろうさんたちが考えた〔**試合の記録**〕は，この試合でだれからだれにパスをしたのか，また，だれがシュートをしたのかが，〔**試合の記録のかき方**〕に従って，見やすくまとめられていますね。」
たろう	「1回目のこうげきでは，かなこさんからはなこさん，はなこさんからあきこさんへパスが成功して，あきこさんがシュートをしましたが，シュートは失敗でした。」
かなこ	「そうですね。2回目のこうげきでは，あきこさんのシュートが成功しましたね。」
たろう	「先に守備側だったわたしたちのチームがこうげき側になったとき，相手チームの点数は18点でした。5回目のこうげきで，かなこさんの判断のおかげで逆転して勝つことができました。」
先生	「そうですね。5回目のこうげきで，4本目のパスを受け取った人が，そのままシュートをして，勝敗が決まりましたね。〔**試合の記録**〕は，かなこさんがボールを持ったところまでしか，かかれていないので，続きを完成させましょう。」

〔**試合の記録**〕

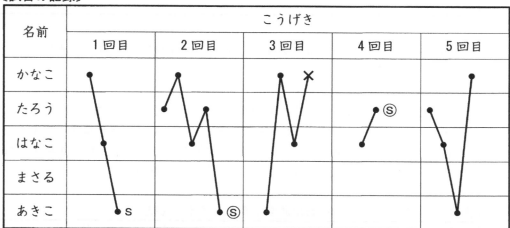

〔**試合の記録のかき方**〕

●：ボールを持つ，またはドリブル　　　　　　✕：ドリブル失敗
●━━●：パス成功　　　　●━━✕：パス失敗
Ⓢ：シュート成功　　　　　S：シュート失敗
※記号S，Ⓢは，シュートをした人のマスの中に記入します。

問3　中等教育学校では，生徒の通学方法を調べています。次の（1），（2）の各問いに答えましょう。

（1）〔表〕は，中等教育学校に通う3年生の通学方法と通学時間をまとめたものです。あとのア，イの各問いに答えましょう。

〔表〕中等教育学校に通う3年生の通学方法と通学時間

通学方法 / 通学時間	徒歩のみ（人）	公共の交通機関を利用		
		バスのみを利用（人）	電車のみを利用（人）	電車とバスを利用（人）
15分未満	10	2	0	0
15分以上30分未満	6	4	9	0
30分以上60分未満	2	2	86	1
60分以上90分未満	0	0	32	1
90分以上	0	0	3	2

ア　通学時間が15分以上90分未満で，公共の交通機関を利用して通学している生徒は何人か，書きましょう。

イ　中等教育学校では，4年生から自転車通学が認められます。〔資料〕は，〔表〕にまとめた3年生の生徒が，4年生になったらどれくらい自転車通学に変える予定なのかを調べ，まとめたものです。この学年の生徒が3年生から4年生になったときに，自転車通学に変える予定の生徒は何人か，書きましょう。

〔資料〕4年生になったら自転車通学に変える予定の生徒

徒歩のみで通学していた生徒のうち，通学時間が15分未満の生徒の8割と，通学時間が15分以上の生徒全員。
公共の交通機関を使って通学していた生徒のうち，通学時間が30分未満の生徒の6割と，通学時間が30分以上の生徒のうちの5人。

氏　名

平成 30 年度

神 奈 川 県 立 中 等 教 育 学 校 入 学 者 決 定 検 査
（かながわ）

グループ活動による検査
（４０分）

～ 全 体 の 進 め 方 ～

1　自分の考えをまとめる。　　　（5分）

2　グループで話し合いをする。（35分）

──── 注　　意 ────

1　「はじめ」の合図があるまで，この検査用紙を開いては
いけません。

2　「やめ」の合図があったら，途中でも活動をやめましょう。
（とちゅう）

3　自分の考えをまとめる。は，それぞれで取り組みましょう。

4　グループで話し合いをする。は，司会や書記などの係は決め
ないで，みんなで取り組みましょう。

課題 次の文章を読んで，あとの（1）〜（4）に取り組みましょう。

　あなたは，神奈川県立中等教育学校の１年生とします。県立中等教育学校では，生徒の健康を保つことを大切にしています。そこで，体育の授業に加え，学年ごとに運動を継続的に行う取り組みをすることになりました。

　今回，あなたは実行委員となり，このことについて話し合うことにしました。運動を継続的に行うためには，どのような取り組みにすればよいか，具体的に計画しましょう。

自分の考えをまとめる。（5分）

（1）みんなに発表できるように，あなたの考えと，そのように考えた理由を，下の欄に書きましょう。

あなたの考えとその理由

○　県立中等教育学校の６年間で，あなたはどのように体育の授業に取り組んでいきたいと思いますか。

○　体育の授業以外で，運動を継続的に行う取り組みは，どのような内容にすればよいでしょうか。

平成 30 年度

神奈川県立中等教育学校入学者決定検査

グループ活動による検査
（４０分）

～全体の進め方～

1　自分の考えをまとめる。　　　（５分）

2　グループで話し合いをする。　（35分）

―――― 注　　意 ――――

1　「はじめ」の合図があるまで，この検査用紙を開いては
いけません。

2　「やめ」の合図があったら，途中でも活動をやめましょう。

3　自分の考えをまとめる。は，それぞれで取り組みましょう。

4　グループで話し合いをする。は，司会や書記などの係は決め
ないで，みんなで取り組みましょう。

課題 次の文章を読んで，あとの（1）～（4）に取り組みましょう。

> あなたは，神奈川県立中等教育学校の１年生とします。県立中等教育学校では，生徒の健康を保つことを大切にしています。そこで，体育の授業に加え，クラスごとに運動を継続的（けいぞくてき）に行う取り組みをすることになりました。
>
> 今回，あなたのクラスで，このことについて話し合うことにしました。運動を継続的（けいぞくてき）に行うためには，どのような取り組みにすればよいか，具体的に計画しましょう。

自分の考えをまとめる。（5分）

（1）みんなに発表できるように，あなたの考えと，そのように考えた理由を，下の欄（らん）に書きましょう。

あなたの考えとその理由

○ 県立中等教育学校の６年間で，あなたはどのように体育の授業に取り組んでいきたいと思いますか。

○ 体育の授業以外で，運動を継続的（けいぞくてき）に行う取り組みは，どのような内容にすればよいでしょうか。

問2

（1）

6 ページ	18 ページ

（2）

ア	イ
ウ	エ

※ 問3 ， 問4 の答えを書く欄は，裏にあります。 ——→

受 検 番 号	氏　　名

問3

(1)

(2)

2018(H30)　神奈川県立中等教育学校
Ｋ教英出版

問2

（1）

（2）

名前	こうげき	
	5回目	
かなこ		
たろう		
はなこ		
まさる		
あきこ		

※ 問3 ， 問4 の答えを書く欄は，裏にあります。 ⟶

受 検 番 号	氏　　名

問3

下の欄には
記入しない

（1）

ア
人

イ
人

（2）
ア
〔グラフ〕

たろうさんが家を出てからの時間と道のり

(m)

たろうさんの家からの道のり

1000

500

0　　2　　4　　6　　8　　10　　12　　14　　16　　18　　20
たろうさんが家を出てからの時間
(分)

イ
分速　　　　　　m

問3
（1）
ア

20点

イ

20点

（2）
ア

20点

イ

20点

問4

(1)

①	○	×	△
②	○	×	△
③	○	×	△

(2)

C
g

あ
cm

適 性 検 査 Ⅱ 解 答 用 紙 （平成30年度）

受 検 番 号	氏 　 名

問 1

（1）

（2）※表紙の ― 注 意 ― の5をよく読んで書きましょう。

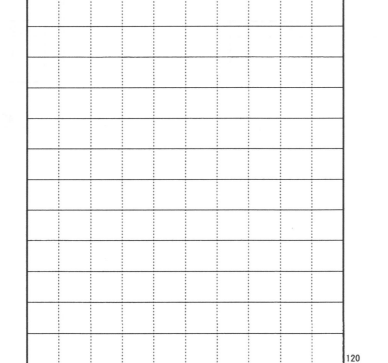

120

150

問4

(1)

(2)

下の欄には
記入しない

問4

（1）

40点

（2）

40点

適 性 検 査 Ⅰ 解 答 用 紙 （平成 30 年度）

受 検 番 号	氏 名

問 1

（1）

（2）

の で

グループで話し合いをする。	（35分）

（2）あなたの考えと，そのように考えた理由を，1分ぐらいで発表しましょう。

（3）それぞれの発表をもとに，運動を継続的（けいぞくてき）に行う具体的な取り組みについて話し合いましょう。必要があれば，画用紙とフェルトペンを使いましょう。

（4）みんなの意見をまとめて，グループとして1つの案をつくりましょう。

グループで話し合いをする。 （35分）

（2）あなたの考えと，そのように考えた理由を，1分ぐらいで発表しましょう。

（3）それぞれの発表をもとに，運動を継続的(けいぞくてき)に行う具体的な取り組みについて話し合いましょう。必要があれば，画用紙とフェルトペンを使いましょう。

（4）みんなの意見をまとめて，グループとして1つの案をつくりましょう。

（2）たろうさんは歩数を数えて，家から中等教育学校までの道のりを調べました。まず，家を出てから800歩を6分間で歩きました。そこで，かなこさんに会ったので，11分間立ち止まって話した後，中等教育学校に向かいました。たろうさんが再び歩き始めてから，ちょうど400歩で中等教育学校に着きました。たろうさんが歩く速さは一定で，歩はば（1歩の長さ）はいつも0.5mであるものとし，次のア，イの各問いに答えましょう。

ア　たろうさんが家を出てからの時間（分）と道のり（m）のグラフを，解答欄の〔グラフ〕にかきましょう。

　〔グラフ〕には，たろうさんが家を出たとき（0分），かなこさんに会ったとき，再び歩き始めたとき，中等教育学校に着いたときを点（・）でかき，となり合う点（・）と点（・）を直線（—————）で結びましょう。

〔グラフ〕

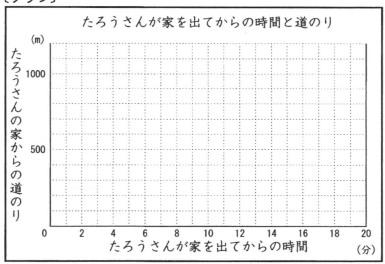

イ　たろうさんが歩く速さは分速何mか，書きましょう。答えが小数になる場合は，小数第2位を四捨五入して，小数第1位までのがい数で書きましょう。

問4　かなこさんとたろうさんは，理科の授業で，てこについて学習しています。次の（1），（2）の各問いに答えましょう。

（1）かなこさんとたろうさんは，次の〔実験1〕を行いました。つるした砂ぶくろの重さを変えないで，てこを水平につり合わせるとき，あとの①〜③の内容について，〔実験1〕の結果から，正しいことが確認できるものは〇，まちがっていることが確認できるものは✕，〔実験1〕の結果からでは，確認できないものは△を解答欄から選んで，それぞれ線で囲みましょう。

〔実験1〕

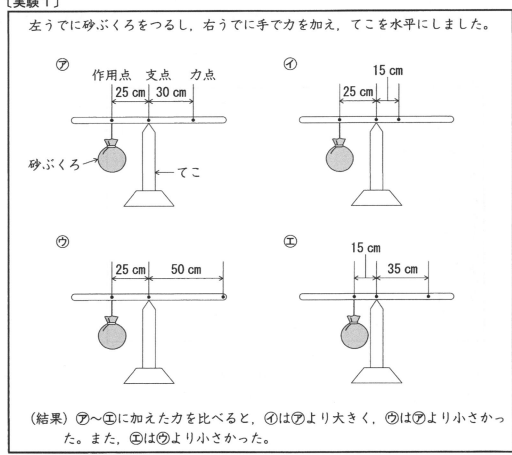

左うでに砂ぶくろをつるし，右うでに手で力を加え，てこを水平にしました。

⑦　作用点　支点　力点　25 cm　30 cm　砂ぶくろ　てこ

⑦　15 cm　25 cm

⑦　25 cm　50 cm

⑦　15 cm　35 cm

（結果）⑦〜⑦に加えた力を比べると，⑦は⑦より大きく，⑦は⑦より小さかった。また，⑦は⑦より小さかった。

①　支点から作用点の距離が変わらなければ，支点から力点の距離が長い方が，力点に加える力は小さくなる。
②　支点から力点の距離が変わらなければ，支点から作用点の距離が短い方が，力点に加える力は小さくなる。
③　支点から力点の距離が，支点から作用点の距離より長い場合，支点から力点と支点から作用点の距離の差が大きいほど，力点に加える力は小さくなる。

【適】

（2）次の〔会話文〕，〔実験2〕を読み，〔図〕を見て，おもりCの重さ（g）とあの長さ（cm）を書きましょう。

〔会話文〕

かなこ	「280gのおもりA，140gのおもりB，重さのわからないおもりCを使って，左右のうでにおもりをつるし，〔実験2〕を行いましたね。」
たろう	「左右につるすおもりの重さがちがっていても，（おもりの重さ）×（支点からの距離）の値が同じであれば，てこは水平につり合いました。」

〔実験2〕

○　〔図〕の①のようにおもりをつるし，てこを水平につり合わせました。①の状態から，左うでのおもりAを1個取り除き，右うでのおもりBを3個取り除いたところ，②のように，てこは水平につり合ったままでした。

○　次に②の状態から，③のように，右うでのおもりCの下に，おもりAを1個つけ，左うでのおもりAまでの距離が94.5cmになるように，左うでにつるしているおもりAを移動させたところ，てこは水平につり合いました。

〔図〕

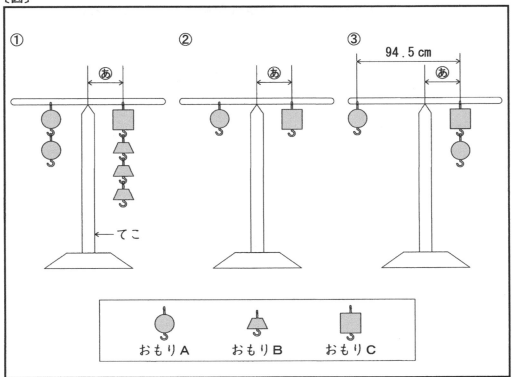

※問題は，これで終わりです。

このページには，問題は印刷されていません。

【適】

このページには，問題は印刷されていません。

（2） たろうさんとかなこさんは，スイッチがある回路について，先生と話しています。〔会話文〕を読み，〔図3〕，〔図4〕を見て，階段のスイッチの回路として，あてはまるものを，あとの①〜⑥の中から1つ選び，その番号を書きましょう。

〔会話文〕

先生	「〔図3〕のようなスイッチでは，スイッチを切ると電流が流れないので，豆電球の明かりはつきません。スイッチを入れると回路に電流が流れるので，豆電球の明かりがつきます。それでは，〔図4〕のようなスイッチでは，スイッチが⑥に入っているときは，豆電球⑦の明かりがつきますが，スイッチを⑥に切りかえて入れると，どうなりますか。」
たろう	「豆電球④の明かりがつきますが，豆電球⑦の明かりはつきません。」
先生	「そうですね。〔図4〕のようなスイッチを組み合わせると，1階でも2階でも電灯をつけたり，消したりすることができる回路が作れます。」
かなこ	「学校の階段にあるスイッチの回路がそうですね。」
先生	「そのとおりです。それでは，〔図4〕のようなスイッチ，豆電球とかん電池を使って，階段のスイッチの回路を考えてみましょう。」

〔図3〕

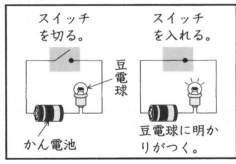

〔図4〕

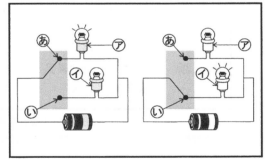

①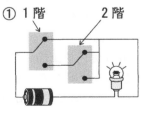

②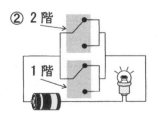

③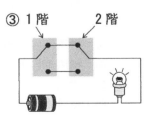

④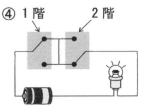

⑤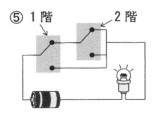

⑥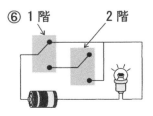

かなこさんとたろうさんは，校外学習で横浜税関を訪れました。次の（1），
（2）の各問いに答えましょう。

（1）かなこさんとたろうさんは，横浜港の貿易について調べ，〔資料1〕，〔資料2〕に
まとめました。〔資料1〕，〔資料2〕から読みとれる内容としてあてはまるものを，
あとの①〜⑥の中からすべて選び，その番号を書きましょう。

〔資料1〕平成28年貿易額

貿易額	輸出額の合計	輸入額の合計
横浜港	6兆8847億円	3兆7999億円
全　国	70兆 358億円	66兆 420億円

（横浜税関「横浜港貿易概況」平成28年（2016年）分（確定値）より作成）

〔資料2〕平成28年横浜港の主な商品の貿易額と，主な地域や国との貿易額

	主な商品の貿易額	主な地域や国との貿易額
輸出額	・自動車　　　　　　1兆7019億円 ・自動車の部分品　　3574億円 ・注1)原動機　　　　　3313億円	・アジア　　　　　　　3兆5246億円 　（うち中国が1兆2697億円） ・アメリカ合衆国　　1兆1753億円 ・注2)EU　　　　　　　6312億円
輸入額	・注3)非鉄金属　　　　2492億円 ・衣類とその付属品　1725億円 ・液化天然ガス　　　1542億円	・アジア　　　　　　　2兆1453億円 　（うち中国が1兆1516億円） ・アメリカ合衆国　　　4119億円 ・EU　　　　　　　　5321億円

（横浜税関「横浜港貿易概況」平成28年（2016年）分（確定値）より作成）

注1)原動機：モーターやエンジン類。　注2)EU：ヨーロッパ連合。　注3)非鉄金属：鉄以外の金属。

① 横浜港の輸出額の合計から輸入額の合計を引いた額は，3兆848億円である。
② 全国の貿易額では，輸出額の合計より輸入額の合計の方が多くなっている。
③ 横浜港の輸出額の合計は，全国の輸出額の合計の1割を上回っている。
④ 横浜港のアメリカ合衆国との輸出額と輸入額の差は，6000億円を上回っている。
⑤ 横浜港のEUへの輸出額は，アメリカ合衆国への輸出額の半分以下である。
⑥ 横浜港の中国との輸出額，輸入額は，それぞれアメリカ合衆国との輸出額，輸
入額を上回っている。

（2）次の〔会話文〕を読み，下線部の「日本の会社の利益が減る」理由を考え，その説明を解答欄のわくの中にわかりやすく書きましょう。説明は，1ドルと交かんできる金額が120円と100円の場合に，アメリカ合衆国で日本の自動車1台を25000ドルで売り，日本のお金に交かんしたときのそれぞれの金額を示し，円高ドル安と利益が減るという言葉を使って，文で具体的に書きましょう。ただし，円やドルなどの単位は必ずつけて書きましょう。

〔会話文〕

たろう	「横浜港から輸出される商品では，自動車が多いと聞きました。」
先生	「そうですね。日本は自動車などの工業製品を多く輸出しています。」
たろう	「日本から輸出された自動車は，日本のお金で売られているのですか。」
先生	「海外に輸出された商品は，ドルで売られる場合が多いです。」
かなこ	「ドルはアメリカ合衆国などで使われているお金ですよね。テレビのニュースで円高ドル安や円安ドル高という言葉を聞いたことがあります。」
たろう	「円が高くなったり，安くなったりするのですか。」
先生	「そうです。1ドルと交かんできる金額は，毎日変わります。1ドルと交かんできる金額が，120円から100円になるような場合を，円高ドル安になると言います。」
たろう	「120円から100円になると，円が安くなったように見えますが，どうして円高ドル安と言うのですか。」
先生	「例えば日本からアメリカ合衆国に旅行に行き，値段が3ドルの商品を買うとします。1ドルが120円のときは，日本のお金にするとその値段は360円になりますが，1ドルが100円になると，その商品の値段は何円になりますか。」
かなこ	「300円です。同じ商品を買ったのに，得した気分になります。」
先生	「そうですね。このような場合，円がドルに対して高い価値になるので，円高ドル安になると言います。円高ドル安になると，海外で買い物をしやすくなるので，日本から海外に旅行に行く人が増えたり，輸入した商品が安くなったりします。」
たろう	「円高ドル安になると，いいことばかりなんですね。」
先生	「そうとは限りません。1ドルと交かんできる金額が120円から100円になると，アメリカ合衆国で，日本の商品を売ったとき，日本の会社の利益が減る場合があります。」
かなこ	「1ドルと交かんできる金額が変わると，いろいろなところに影響があるのですね。」

※問題は，これで終わりです。

このページには，問題は印刷されていません。

このページには，問題は印刷されていません。